AME 访谈系列图书 002

前行者：药企高管访谈

主编：李天天

中南大学出版社
www.csupress.com.cn

AME
Publishing Company

丁香园
WWW.DXY.CN

图书在版编目（CIP）数据

前行者：药企高管访谈/李天天主编. —长沙：中南大学出版社，
2016.10

ISBN 978 - 7 - 5487 - 2534 - 3

Ⅰ.①前 Ⅱ.①李… Ⅲ.①制药工业-工业企业管理-研究-中国
Ⅳ.①F426.7

中国版本图书馆CIP数据核字(2016)第258597号

AME 访谈系列图书 002

前行者：药企高管访谈

QIAN XING ZHE: YAO QI GAO GUAN FANG TAN

李天天　主编

□丛书策划　郑　杰　汪道远
□责任编辑　陈海波　李　媚
□责任校对　石曼婷
□责任印制　易红卫　潘飘飘
□版式设计　朱三萍　林子钰
□出版发行　中南大学出版社

　　　　　社址：长沙市麓山南路　　　　　　邮编：410083

　　　　　发行科电话：0731-88876770　　　　传真：0731-88710482

□出 品 方　AME Publishing Company 易研出版公司

　　　　　地址：香港黄竹坑道 50 号 W50，12 楼 1203 室

　　　　　网址：www.amegroups.com

□印　　装　天意有福科技股份有限公司

□开　　本　720×1000　1/16　□印张 8.75　□字数 171 千字　□插页 6
□版　　次　2016 年 10 月第 1 版　□2016 年 10 月第 1 次印刷
□书　　号　ISBN 978 - 7 - 5487 - 2534 - 3
□定　　价　168.00 元

AME访谈系列图书序言

　　这套丛书，有对医药公司或器械公司高管的访谈，有对医院院长等管理者的访谈，也有对临床各专科一线专家的访谈，虽然被采访对象、主题和访谈的呈现形式有所差异，但是，所有访谈稿件都具有一个共同的特征：作者都试图尽最大努力将访谈最精彩的地方和最有价值的信息传递给读者。

　　殊不知，一篇好的访谈稿件，从选题、收集资料、采访、撰写、修改、校对，到再修改……作者需要付出很多心血、汗水，甚至忍受了不少憋屈，而这一面读者往往是难以感知的。

　　清晰地记得，大学二年级的一天下午，我看到学校橱窗里张贴了一份海报——南通医学院首届学科学术带头人评选结果公示。作为一名学生，我对那些教授非常仰慕，顿时产生了一个念头：如果能对这些学科学术带头人做一个采访，将他们成功背后的故事与周围的人分享，应该可以激励更多的人。于是，我将这个想法写在一张信纸上，便去找《南通医学院报》的老师(备注：《南通医学院报》已更名为《南通大学报》)，希望能够得到他们的肯定和支持。

　　接待我的是一位何姓老师，他听了我的想法后，给了我一顿"教训"，大概的意思就是让我别胡思乱想，采访这些学科学术带头人的任务怎么能够让学生负责？正当我很郁闷的时候，一旁的沈宝衡老师(时任南通医学院宣传部长)安慰我说："这样吧，汪同学你把纸条留下来，等负责院报的张老师回来之后，我帮你转交给他，你先回去等消息吧。"

　　我怀着沮丧的心情回到了宿舍，就在这时，宿舍的电话真的响起来了。原来是院报的张老师看到我写的想法之后，亲自致电我，一方面给予肯定，另一方面表示全力支持我的想法，他将亲自帮我联系专家，预约好采访时间……只记得我当时很激动，张老师涛涛不绝地在电话那头讲了半天，很多信息我都没有记住，感觉幸福来得太突然了。第一位接受采访的是南通医学院附属医院血液内科主任刘红教授，采访过程比较顺利。通过这一系列采访，我认识了著名统计学专家陈峰教授、病理学专家陈莉教授和眼科专家管怀进教授等多位老师，聆听了他们成功背后酸甜苦辣的故事，受益匪浅。

看到AME访谈系列图书即将出版，触景生情，禁不住回想起自己当年作为大学生记者去采访专家的点滴小事。

希望读者能够多多支持这个系列图书的出版，如果您觉得有启发、有收获，如果您很欣赏这个系列的某本书或者其中的某篇文章，作者和编辑都将甚感荣幸；如果您觉得有一些采访稿写得不够深入，有不完美的地方，希望能够多多包涵，给作者多一份鼓励，这份鼓励也许能够让作者和编辑倍感温暖。

是为序。

汪道远

AME出版社社长

前言

对话"前行者"，从洞察中获得启迪

从2000年创立至今，丁香园网站已经走过了16载春秋。16年间，我们与整个生态体系中的所有成员一起，共同经历了中国医疗行业的发展与变迁。

在2010年以前，可能因为我和我的创业伙伴都曾经是医生的缘故，所以看待行业的视角与思维模式也大多是从医生的角度展开。我们每天在思考和实践的，也都是中国的医生需要什么，他们在关注什么，如何通过积累下来的大量数据，来帮助我们开发出对医生更有价值的互联网应用工具。这种思路也带来了丁香园在中国医生群体中的巨大成功。

但从2010年后，我们越发清晰地认识到，中国医疗的生态体系正在发生巨大变化。首先的变革来自技术层面：可穿戴设备便携技术的研发、传统仪器技术上的突破，欧美更先进的技术已经出现苗头，智能手环、智能听诊器、智能心电仪等都让医疗与信息的结合变得越来越紧密，也让大众更容易接受。其次，制度层面上，允许社会资本进入医疗服务行业、允许医生多点执业等政策也为类似丁香园的企业提供了一定机会。还有一点，消费主义的思想形态越来越重要，今后的患者将不只满足于看病，更会追求更好的体验，因而以患者为中心的私人诊所是一个发展方向。

我们为中国医生服务的方式，也不再是单纯地依靠我们的一己之力，而是将我们自身定位并进一步发展为连接医生和生态体系中其他成员的纽带，整合更多的对医生、对患者有价值的资源，以最适合的方式推动医疗环境改善。

到目前为止，医生仍然是丁香园最核心的优势资源，目前丁香园网站已有200多万医生注册以及30多万的日活跃用户。2014年开始，我们开始发力在线科普，与医生合作共同建立面向大众和患者的专业、科学的健康科普信息平台——丁香医生。目前丁香医生APP和微信端的用户达500万以上，并且跟腾讯、果壳以及人民网等机构建立"谣言过滤器"微信公共平台，通过有理有据的解读分析，破除虚假医疗信息。我们深知，医疗是个严肃的行业，为了给患者提供真正有价值的服务，我们将线上服务延伸至线下，开始自建全科诊所——丁香诊所。

丁香诊所定位为全科诊所，为患者提供常见病、多发病、慢性诊疗服务，目前在福州有2家、杭州有2家。与其他诊所不同的是，丁香诊所只聚焦在患者诊疗、照护上，药品的供应和配送，检测交由第三方机构。我们希望丁香诊所打造的开放平台可以降低成本，将传统医疗的中间利润环节砍掉，为患者提供可负担的高质量医疗服务。

在这个过程中，我们不断深化了与制药及设备企业、保险公司以及各个大数据公司的合作。对我们来讲，在这个变化的环境中，中国医疗产业链上的各类企业都在用一种完全不同的角度来看待整个生态环境。商业保险的发展为患者的诊疗提供了更多的保障，制药和设备企业为医生的学术进步和患者的健康改善提供居功至伟的支持，大数据公司为疾病研究和预防带来了巨大推动。

也正是在这种认知的推动下，我越发想进一步了解行业各个利益相关方对整个中国医疗生态体系的理解和看法，以及对中国医生和患者的整体策略。在这个过程中，我很荣幸能够有机会与多位企业的全球和在华CEO，以及行业变革中具有创新实践精神的"前行者"进行深入访谈。他们都是中国市场中卓越的观察者、实践者和领导者。他们对于宏观生态体系的深入洞察，以及对于企业运营实践的全面掌控，将能够帮助我们每个人更好地了解这些企业对中国患者、医生以及相关群体的发展策略。

在已经进行过的多场专访活动中，我自身也受益良多，一次精心准备的采访绝不亚于一堂生动的EMBA案例课。我能够深刻感受到，伴随市场环境的不断变化，企业也全面加强了对新业务模式的发展力度和资源投入。从某种角度来讲，所有的"前行者"们，都在经历一个全新环境下的"创业"过程。这与丁香园已经走过的16年又是何其相似。

也正是基于这样的初心，我觉得我很有必要将这些专访整理成文字，让更多的医疗生态体系中的人士了解这些企业，了解决策背后的故事。而且我相信，今天的专访活动只是一个起点，未来我们会有更多、更深入的活动开展起来，为整个行业带来并分享更多有价值的信息。

李天天

丁香园创始人

目　录

第二部分 前行者访谈

第一部分
CEO访谈

辉瑞一定要为社会做一些
真正有价值的事情

" 我们如果不做一些事情，积极来推动某些事情的话，我们就
会觉得我们的责任没做到，所以我们一直在推动很多事情往
前走，一直想要做一些领先的事情 "

　　作为全球最大的制药企业，自20世纪80年代进入中国以来，辉瑞已经在中国发展了将近30年。在这过去的30年里，伴随中国市场的不断变化，辉瑞始终保持着对中国患者、医生，以及整个中国制药产业的高度责任和品质承诺，并适时地调整战略方向，以保持与中国市场的同步发展。2014年3月，在杭州的西子湖畔，辉瑞中国区总裁吴晓滨博士接受了丁香园创始人李天天的专访，并就辉瑞在中国市场中的企业责任与发展策略进行了深入交流。

辉瑞的中国责任

1　为中国医生多做些实事

　　在药品的生态体系中，医生扮演着极为关键的角色。在提供高质量药品的同时，辉瑞也始终保持着为医生提供优质学术教育的持续努力。

　　"通过研发和教育，为患者提供好药，并让医生了解药品的学术知识，是辉瑞起家的根本。"当谈到这个话题时，吴晓滨进行了如上的阐述。

　　在目前辉瑞中国的学术教育体系中，吴晓滨谈到主要包含两个层面的互动模式。首先是通过邀请国内外最为知名的专家，基于全国性的大会，就相关治疗领域最新的学术发展内容进行广泛的传播和推广。另外一个方面，就是通过大量开展科室之间的小会，鼓励和支持一线的医生多了解最新的学术内容。当然，由于当前医生获取学术信息的渠道越来越多，辉瑞也正在积极探索更为创新的方式，为医生提供更为有效的学术支持。

　　2013年，辉瑞医学部门推出了一个叫"辉瑞医谷"的学术内容平台，便是辉瑞在多渠道医生互动方面的重要尝试。接下来，辉瑞还会继续加强在这些创新应用方面的努力和投入，以便为中国医生带来更有价值的帮助。

当然，在实际的学术推广中，吴晓滨发现上面谈到的这些推广模式在核心城市的大型医院中能够起到很好的医生教育作用。但是对于基层医院的医生，他们所处的工作环境和学术需求是存在差异的。对于这些处于中国医疗体系第一线的医生群体，辉瑞正在通过更为实际的工作，帮助他们在学术能力上获得真正有价值的进步。

"面向基层医生的学术教育是我们目前展开探索的非常重要的方面。"吴晓滨继续谈道，"我们做了几件事。一个是我们与清华大学和北京大学联合开办了专门面向基层医院院长的学习班，希望能够通过为县级医院的院长们提供有价值的专家培训，支持国家的县级医院改革。与此同时，我们还在探索其他的创新方法，来改变当前的基层学术教育模式。过去，传统的方式就是组织基层医生开会，面对面交流，在教室里面让教授来讲授、交流。坦率讲，这其实是在大医院的做法，但全国有3 000多个县，上万个医院，按照这样方式，要想做好难度很大。因此，我们专门从全国范围内的县级医院中组织了一个几百人的试点团队，在这个团队中尝试'手拉手'互助模式。这种模式的核心就是将大医院和小医院配上对，然后让他们能够一对多，实现学术领域的有效互助。当然，为了帮助更多的医生，我们也希望能够与丁香园这样的网络平台进行合作，尝试更多的新的模式和方法。"

通过吴晓滨的描述，我们已经清晰地看到了辉瑞为中国各级医生学术水平提高所投入的巨大努力。对于辉瑞目前正在尝试的"手拉手"互助模式，李天天也坦言这个与丁香园目前一直在开展的"医帮医"活动不谋而合。尤其是对于基层医生来讲，这一类创新的互动模式正是他们当前在学术方面所最为需要的帮助。

在这个话题的最后，吴晓滨也谈到了学术教育的持续性问题。辉瑞会在发展当前这些已有模式的同时，与更多的行业机构发展出更多的创新方法，为中国医生的学术提高做更多有价值的实事。

2　企业能力越强社会责任越大

在辉瑞内部，经常会讨论一个话题，就是作为行业中最大的外资企业，辉瑞一定要为社会做一些真正有价值的事情。这是辉瑞作为行业领导者的责任所在。

"我们如果不做一些事情，积极来推动某些事情的话，我们就会觉得我们的责任没做到，所以我们一直在推动很多事情往前走，一直想要做一些领先的事情。"这便是吴晓滨对辉瑞企业社会责任的最直接阐述。与此同时，在这些方面，辉瑞已经迈出了坚实的步伐。

　　"举一个例子，就是我们支持'中国心血管健康工程'。这个是我们很早以前就在公司内部提出的概念。我们和很多的著名专家和教授深入交流后，达成了一个共识，就是国外的心血管疾病发生率已经呈下降的趋势，例如中风、心梗，而在我们国家是呈现快速上升的趋势。所以，我们就想我们可以做些什么，才能帮助国家把这个拐点找到，减缓上升的趋势甚至进入下降的通道。"对于辉瑞在社会责任方面已经开展的工作，吴晓滨举了一个他认为最有价值的例子。在与我们分享这个项目的过程中，现场的每个人都能强烈感受到他对于这个项目的全心投入和期待。

　　"在做这个事情的时候，我们自己都很激动。我们觉得这个事情其实不是为了做教育而做教育，或者为了做个项目而做项目。我们给自己定了一个全新的目标：找到拐点。围绕这个目标我们做了很多事情。这里面包括指南，包括教育，大量的医生和患者教育，让大家能够全面认识到这个问题：涵盖健康的生活，适当的锻炼，预防、早期的诊断，以及治疗在内的一系列的内容。这个事情在心血管界、心内科领域，以及各个省市的卫生局层面反应都非常好。大家对这个事情非常感兴趣，都觉得如果把这个事情做好了，如果真的能够让我们国家的心血管疾病发生率的拐点早日到来，那我们真的觉得我们做了一件利国利民的事。"吴晓滨补充道。

　　在项目的具体执行层面，辉瑞中国已与医师协会和预防医学会一起做了大量的卓有成效的工作。在这些工作中，包含了两个比较大的项目：一个是血脂的筛查，另外一个是血脂化验单的改革。在我国传统的血脂化验模式中，无论什么样的化验对象，都只有一个血脂的控制指标。然而目前国际所广泛推广的领先模式中，早已基于接受检测者不同的个体特征，进行了指标的细分。例如，本身就有高血压、高血糖的检测者，可能血脂控制水平就需要更低一些，比正常人要低，这样才能真正帮助被检测者更好地预防和治疗病患。在将全球领先血脂检测模式引入中国的过程中，辉瑞正在与相关的行业机构一起，在中国推广一个叫"健康是有颜色的"血脂检验单的项目。这个项目将根据风险水平，用"赤橙黄绿"标示血管健康程度，根据不同颜色采取差别化的预防措施，让高危患者能防患未然。显然，让国内的这种上升趋势出现拐点，甚至是出现下降，所需要投入的努力，包括指南、教育，以及对大量患者整个治疗过程的跟踪，是一个需要相当长时间才能实现的目标。对于这样的挑战，辉瑞中国将采用什么样的策略呢？

　　"我们有'愚公移山'的精神。"这就是吴晓滨对于这样一个需要长期投入的利国利民的研究项目所设定的策略。"因为慢性病的防治，这些东西越早越好。我们知道这个事情的周期会非常长，但是我们做的就是一个持续为患者带来帮助的事业。与慢性病的斗争可能需要几代人共同的努力，而且我个人也相信，中国的拐点找到，也一定不会是一个短期就能实现的事情。但是，某些大城市，甚至包括某些区，如果管理好了，我们可能就可以在较短的时间内看到变化。"

也正是基于上述的理念，通过与多家机构的共同努力，目前这一项目已经在深圳、北京和杭州分别开展了试点。吴晓滨相信，如果在这些试点的城市中，通过多方的共同努力，大家看到了拐点的出现。那么对于其他的城市将是极大的鼓舞。这对我们整个国家的慢性病防治都有非常重大的意义。

"辉瑞在中国心血管药物市场中占据领导者的位置。我们一定要把这个事情做好。因为能力越大，责任越大。"不经意之间，我们从吴晓滨的话语中，已经能够看到辉瑞作为行业领导者的企业价值观。

3　帮助中国药品走向世界

作为辉瑞在中国市场中的一个战略性布局，与海正共同成立合资公司——海正辉瑞，也成为本次访谈中的一个重要话题。因为海正辉瑞的故事，确实给整个行业都创造了很大的想象空间。

"除去商业价值，我们在仿制药领域进行投资的一个重要原因，就是我们希望帮助中国药品走向世界。"对于这一系列的问题，吴晓滨先给出了他内心的初衷。"我们国家什么东西都出口，就是医药制剂很难出口。对于整个国家来讲，每年大概也就几十亿美金的出口量。而且，在这几十个亿美金里面，80%还都是外企生产以后返销回去的，也就是一个再加工过程。我们国家真正自己的产品，销售出去的除了原料药以外，制剂几乎没有。"

谈到这种现象的本质原因，吴晓滨坦承是因为中国药品的产品质量还无法得到国际的认可。也正是出于改变当前中国药品现状的初衷，辉瑞与中国本土企业进行全面的合作，让辉瑞做小股东、本土企业做大股东，并且将国际领先的质量管理体系、执行和管理模式以及人才引入到中国企业，脚踏实地地帮助中国企业提升药品的品质。与此同时，辉瑞还利用自身在全球范围内的药品注册能力和营销通道，帮助中国本土的企业打进高端国际市场。从质量管理到真正进入海外高端市场，辉瑞正在帮助中国的制药企业开创一个可以借鉴和学习的新模式。

"我就不信中国的药品出不去！我们成功了，大家就都会看得到。这样的话，我们也就不用老在中国的市场中打来打去。大家一起到世界的蓝海里去玩一圈。"吴晓滨补充道。

那为什么会选择海正进行合作呢？

对于这个问题，吴晓滨给出了他的答案："我们当时看了上百家公司，跟好多公司谈了，最后选中海正，我想是基于下面几个原因。第一个原因，海正是我们国家原料药出口方面的领导者，作为成功的原料药出口商，说明海正有一个非常扎实的质量管理基础；第二个原因，海正目前也在转型，从原料药往制剂成品方面转型，因此，他们有很强的合作意愿；第三个原因，我觉得白总(编者注：浙江海正药业有限公司董事长兼总裁，白骅)是一个特别热爱国家，对医药工业倾注了满腔热情的人，你看他说话就知道。从这个角度上来讲，一起做这个事情的人必须要有这个胸怀。所以，深入交流过后，我们在发展民族工业的理念上一拍即合。"

也正是基于双方共同认可的发展愿景，海正辉瑞已经全面起航。据吴晓滨介绍，在正式成立后的2013年，海正辉瑞各项业绩都完成得非常好，各种指标都是百分之百完成，并已在国内医药行业排名中位列三十几位了。对于一个初创的企业来讲，这显然是一个极为迅速的发展。

谈到对海正辉瑞的预期，吴晓滨希望海正辉瑞能够成为一家真正可以在国际上被认可的品牌仿制药企业。当然，他也有足够的耐心和自信来实现这个目标。

"现在在国际上还没有名气，但是我相信五六年以后，海正辉瑞一定能在国际上打得响。中国药品一定能走向世界。"显然，吴晓滨心中已经有了明确的路线图和时间表。

让我们共同努力并期待这一天的到来。

设计：付珍珍
责任编辑：宋晓萍
首发于：2014年7月

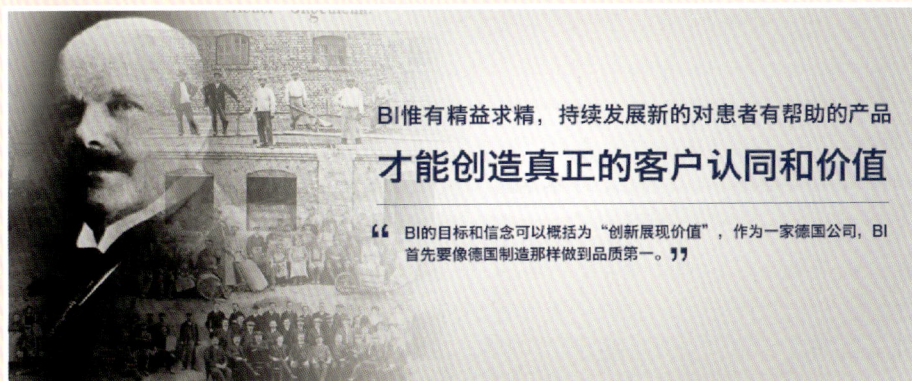

BI惟有精益求精，持续发展新的对患者有帮助的产品

才能创造真正的客户认同和价值

"BI的目标和信念可以概括为"创新展现价值"，作为一家德国公司，BI首先要像德国制造那样做到品质第一。"

　　勃林格殷格翰(Boehringer-Ingelheim，以下简称BI)于1994年正式进入中国市场，是年已历20载。在这白驹过隙的20年中，迈入中国的BI已由彼时偏居一隅的小小办事处成长为拥有华东、华南、华西、华北和北京5个大区，近3 300名员工的"勃林格殷格翰(中国)"。前不久，丁香园创始人李天天先生在黄浦江畔与BI大中华区总裁兼CEO潘大为先生高端对话，他们之间的碰撞能激发怎样的火花呢？

秉持初心，创新制胜

1　秉承创新展现价值

　　2014年以来，国际制药巨头间的兼并重组热闹非凡，不少药企通过并购填补了产品空白，提升了短板，巩固了行业领先地位。但对于BI而言，并购似乎并不是它的优先选项。这一点，在潘大为看来或许和BI的初心有关。

　　在潘大为看来，BI的目标和信念可以概括为"创新展现价值"。这一愿景已经帮助BI树立起自身独特的优势与个性。在如今竞争激烈，瞬息万变的时代，产品、服务价值以及公司价值不断变化。BI唯有精益求精，持续发展新的对患者有帮助的产品才能创造真正的客户认同和价值。的确，有些药企通过连续的并购迅速成长。不过，规模第一并非BI的追求。用潘大为的话来说："作为一家德国公司，BI首先要像德国制造那样做到品质第一。"

　　除此之外，令潘大为颇为自豪的是，在慢性病领域，BI的产品组合一直处于行业的领导者地位。目前BI处方药领域的产品覆盖呼吸、心血管、中枢神经、房颤卒中预防和糖尿病等重要治疗领域，未来还将扩展到肿瘤、哮喘等领域；在消费者自主保健药品领域，公司拥有治咳、便秘治疗和解痉方面的优秀品牌，未来还将引入过敏、维生素矿物质补充剂等全球品牌。

当然，在制药行业的一些细分领域，BI目前依然是雄心勃勃的追赶者，但潘大为强调，BI一旦确定方向，家族企业的独特优势——有更多的空间和自由来实施长期战略——将赋予整个公司上下强大的前驱动力。

潘大为介绍说，糖尿病和肿瘤是目前BI主攻的两个方向。2011年，BI和礼来制药携手缔结了全球性的糖尿病联盟，这是两家制药企业在一个治疗领域所建立的规模最大的联盟之一。通过这一联盟，为糖尿病患者及医疗专业人士提供一系列的治疗选择。目前，糖尿病联盟已经完成了糖尿病新药利格列汀在美国、欧洲、日本及中国的上市工作。

过去的两年中，在肿瘤药物领域，BI也实现了零的突破。2013年7月和9月，BI旗下首款肿瘤药物阿法替尼分别获得欧盟委员会和美国食品与药品监督管理局的单药治疗上市许可，批准该药应用于伴有表皮生长因子受体(EGFR)突变的局部晚期或转移性、表皮生长因子受体TKI初治的非小细胞肺癌(NSCLC)成年患者。值得一提的是，在阿法替尼的研发及上市过程中，中国大陆和中国台湾的研究者纷纷深度参与，从侧面凸显了BI对中国的承诺。

作为原研药公司，创新不仅是公司取得竞争胜利的利器，而且还是推动行业发展，造福广大患者的坦途。对于秉承"创新展现价值"之愿景的BI，创新更有着别样的意义。

在这场高峰对话中，关于创新的讨论是从苹果公司重新定义音乐播放器和手机的桥段开始的。潘大为强调说，尽管苹果看起来似乎是在短时间内借助iPod和iPad迅速开创了自己的时代，但这些基于创新的进步可不是发生在一夜之间，就像罗马并非一日建成。在这些炫目的产品推出之前，相信苹果公司也经历了许多失败和成功的螺旋式上升过程。这和制药行业非常相似。

BI的努力方向过去是、现在也是通过创新药物的研发，为急需医疗进步的疾病治疗领域提供支持。这一点在森福罗、思力华、美卡素、爱通立等一些闪光的名字中体现得淋漓尽致，而今泰毕全、欧唐宁和阿法替尼会将创新的旗帜挥舞得更高。

在对话中，潘大为也同时强调，创新不是没有代价的。如今，全球医药市场正在发生着显著变化，相比新药研发中的高额投入，其回报变得愈发不足，而风险却居高不下。对于以创新和研发为企业发展引擎的BI来说，所面临的挑战不仅仅是专利悬崖、日渐高昂的研发投入及成本的增加，在产品注册过程中也有更多的障碍。与此同时，由于医保体系本身的成本压力已然巨大，导致新药的市场准入和医保报销正在变得日益困难，而且这些影响比预计的更快、更广泛。

面对这些不利的条件，潘大为又一次提到了家族企业的独特之处。始创于1885年的BI是全球20大制药企业中唯一的家族企业。这家来自莱茵河畔的药厂原本只是一家仅有二十多名员工的酒石酸小工坊，如今已成为全球最大的私有制药企业。

从研究思路的发现，到数年之后的化合物首次被合成，再到临床试验，最后到产品上市，通常需要投入20年的时间。之后，到产品在市场上成熟时，前后已经过去25年，这几乎相当于一代人的成长时间。正是基于这一特点，潘大为认为，药物研发历程特别契合家族企业的特质。在这样的框架下，BI既有富于远见的发展目标，同时也具备脚踏实地的前行节奏。

2　以持续创新积极应对环境变化

中国制药行业在过去的一年中发生了巨大的变化——市场环境中的不确定性加强，监管更为严厉，传统的业务模式面临重大挑战。在此次高峰对话中，如何看待和面对监管，潘大为向丁香园阐述了他的独特观点。

令人稍显讶异的是，潘大为直言道，作为一名在中国制药行业中深耕23年的老兵，他认为中国的营商环境对于外来投资而言，依然相当公平且十分健康。当李天天问及，中国市场相对而言比较特殊，如何把握价格、规则和政策的平衡时，潘大为认为，就监管环境来说，中国市场与其他国家并无显著不同。对于药品的定价，尽管过程中也会有一些内容需要双方都进行更多的深层次沟通，但BI与中国监管部门之间始终保持着气氛友好的对话。药品进入医保目录的过程虽然并不是一帆风顺，不过这一状况在其他国家也普遍存在。

另外，对于诟病日久的新药审批太久的问题，潘大为亦给予了颇具"正能量"的答复。据估算，国际药企研发的新药，平均需要5~7年的时间才会在中国市场推出，中国政府希望通过鼓励本地临床和研究投资来弥补这一时间滞后，BI对此予以积极回应。2013年2月初，BI已正式启动中国项目Ⅱ（China Project Ⅱ），该项目是BI在全球产品研发上的一次重要的战略调整及突破。通过这个项目，中国将和欧洲及美国一起参与制定公司的全球开发策略，中国的临床实践和需求会得到更早更科学的整合，从而更好地满足中国患者的需要以及针对特定适应证或疾病的治疗。

正是在持续看好中国市场的基础上，BI进一步加大了在中国的投入。继2009年，BI宣布在华增资1亿欧元之后，2013年6月6日，BI又投资3 500万欧元，与上海张江生物医药基地开发有限公司合作建立一个符合国际药品生产质量管理规范(cGMP)的生物制药基地，为国内和跨国医药客户提供从研发到临床试验的全方位服务。这一基地与德国比布拉赫、奥地利维也纳和美国弗里蒙特生物药研发基地的标准相同，是BI在全球第四个生物药研发生产平台。BI通过此次投资不仅将世界一流的生物制药技术介绍到中国，这项业务还将成为BI

中国的重要增长点。

BI应市场变化的快速调整凸显了这家公司的进退之道。这种因时而变同样体现在BI与医生的沟通上。众所周知，监管环境的严厉导致制药企业与医生沟通的原有管道日趋狭窄。如何在合规的基础上，保持管道的畅通，让药企的声音准确传达到目标医生，同时也能及时得到医生对药物的反馈，很多企业都在探索。据潘大为的介绍，BI正在尝试利用数字化的手段通过拓展虚拟沟通空间来实现这一目的。

早在2012年9月，BI中国就上线了勃林医学院，以多样化的教育和培训课程以及高科技互动的平台，致力于为中国医疗人员提供卓有成效的培训。目前，勃林医学院涵盖卒中、房颤卒中预防、胸肺疾病、糖尿病、肿瘤和帕金森六大疾病领域，相应设立中国卒中学院、中国心动学院、中国胸肺学院、中国抗糖学院、中国肿瘤学院以及中国帕金森学院，并由著名专家组成的讲师团队共同推动学院使命的实现。而就在不久前，勃林医学院打造的全新医学网络教育互动平台——勃林直播室正式投入使用。勃林直播室还与中华医学会下属心血管病学分会、呼吸分会、神经病学分会帕金森病及运动障碍学组以及上海药学会等学会组织建立战略合作关系，持续把最前沿的医学资讯传递给更多的中国医护人员，并引领中国医学教育进入"数字化"的全新时代。

谈及数字化，潘大为与李天天似乎颇有共同语言。就在访谈之初，前者就希望借助这次访谈深入了解丁香园。丁香园致力于医药及生命科学领域的互联网实践已超过14年，从最初简单的个人网站，发展成为业内规模最大并极具影响力的社会化媒体平台，这一历程一如BI中国的成长。而基于内容的医生社交模式，以及正在向纵深发展的以医生为中心的数据信息应用，更是引起了潘大为的极大关注。

3　构建发展创新的人文环境

BI旗下的一个个药物名字温暖而夺目，但对于BI中国的员工来说，更加温暖夺目的或许是BI充满人情关怀的工作氛围。实际上，这也是潘大为一直念兹在兹、力求营造的企业目标之一。第三方独立调研机构"杰出雇主调研机构"评出的"中国杰出雇主2014"认证结果中，BI中国从众多企业中脱颖而出获此殊荣正是对这一努力的肯定。

在对话中，潘大为向丁香园坦言，时下的中国人并不像之前那样步调一致，而是各具丰富多彩的个性。为了BI中国数千名各具特色的员工的成长与发展，公司制订了丰富的培养计划。在BI中国，只要是工作满18个月并无违纪或业绩瑕疵的员工，就可以通过公司内部网站关注并申请其他部门的工作。为了消除员工的顾虑，甚至还允许其在申请并接触工作机会之前无须知会自己的顶头上司。

　　而他自己也身体力行地在上海总部大楼各个楼层跑，了解员工尤其是一线人员的需求，用各种方式让员工感受到，公司的领导者和他们在一起，共同面对一切，分担压力和解决问题。潘大为特别向我们介绍，对于不在总部的其他大区员工，BI还会充分利用数字技术，以实现"天涯若比邻"的感受。

　　潘大为向丁香园强调，BI将继续遵循"成长、信赖、卓越"的雇主价值主张，尽可能地为员工创造发展平台，帮助他们实现自己的人生梦想和价值，使BI在中国进一步成长壮大。

　　光明的前景必然伴随着曲折的道路，但我们相信秉承初心的BI中国，必将能够通过持续的创新取得更大的成就。

设计：付珍珍

责任编辑：宋晓萍

首发于：2014年7月

海正辉瑞会以"质高价优"的理念进军国际市场

发力品牌非专利药

" 海正辉瑞的下一站既不是小海正,也不是小辉瑞,而是连读的"海正辉瑞"。"

2012年,海正与辉瑞的联姻曾引发业界的巨大关注。时至今日,这场跨国婚姻已结下了丰硕的果实。就在不久前的5月29日,海正辉瑞制药有限公司国际化生产基地正式投产。回首来路,或有百般况味;直面当下,品尝酸甜苦辣;展望未来,期待美好愿景。且听海正辉瑞首席执行官肖卫红先生为丁香园,也为关注海正辉瑞发展的读者娓娓道来。

下一站"海正辉瑞"

1 立足本土化,实现国际化

海正辉瑞呱呱坠地之初就拥有不一般的家底,也拥有不一般的宏愿。据了解,海正辉瑞制药有限公司总投资2.95亿美元,注册资本2.5亿美元,注册地和生产基地位于浙江富阳,运营总部位于上海,海正药业和辉瑞的持股比例分别为51%和49%。

这其中,辉瑞是目前全球最大的以研发为基础的生物制药公司,也是全球500强企业,仅在华上市的创新药物就超过50个,治疗领域涵盖心脑血管、内分泌、精神健康和神经系统等诸多学科。而海正药业亦为A股上市公司,在国内制药行业排名前十。更令同行艳羡的是,两家母公司分别向合资公司注入了丰富且颇具优势的产品资源。其中辉瑞向合资公司注入了7款产品,在原料药领域有着领先优势的海正药业也拿出了70个核心产品。

在肖卫红看来,成功本土药企与优秀国际药企的碰撞一定会有精彩的火花。他告诉丁香园,目前公司已确立两大战略,即本土化与国际化。就前者而言，海正的迅速崛起以及辉瑞在中国的开疆拓土均与本土化息息相关。这一点给了海正辉瑞极大的启发。据介绍，海正辉瑞已经着手实施多个创新营销项目，目标在一、二线城市的核心市场"深挖掘稳增长"，在三到五线城市的战略市场"快覆盖抢市场"，借助极具实力的营销团队推动各类产品销售收入的稳步增长。据他预测，海正辉瑞到2020年将实现营业收入超过20亿美元，销售网络覆盖全国95%的三甲医院、90%的二级医院和75%的一级医院。

此外，海正辉瑞在借力海正品牌实现更好本土化的同时，也将借助辉瑞在研发、生产、销售上的全球经验，实现海正辉瑞制剂产品的国际化。在双方合作之前，海正就已是中国原料药出口方面的领导者，这为海正辉瑞的国际化奠定了良好的基础，而富阳生产基地快速拿到新版GMP认证，并顺利投产可以说正是这一夙愿的体现。

5月29日，在正式接过了第一盒印有"海正辉瑞制药有限公司"生产的药后，肖卫红表示，公司下一步将在不断完善富阳生产基地的同时，加速自主研发体系的建设，依靠两家母公司雄厚的研发资源、丰富的研发经验和先进的研发体系，尽快提升高端非专利药品的研发水准，为公司的长远发展夯实基础。目前，海正辉瑞富阳生产基地口服固体制剂生产线已有多个产品向美国食品药品监督管理局(FDA)递交了ANDA(仿制药申请)，在近期也将会迎来FDA的现场认证审查。这将意味着海正辉瑞国际化进程将有实质化进展。

2　发力品牌非专利药

前文提及，海正与辉瑞共向合资公司注入70余款产品。根据合作协议，这些产品在2013年1月1日起便开始由海正辉瑞推广销售。肖卫红介绍说，2013年，海正辉瑞已实现营收43.19亿元人民币，各项指标均已顺利完成。不过，丁香园在与他的对话中能强烈感受到，如果将海正辉瑞视为海正与辉瑞的销售平台那就大错特错了。

在肖卫红眼中，海正辉瑞的未来将是一家集研发、生产和销售于一体的综合性制药企业，将以独特的产品、模式和文化在中国和全球医药行业中快速竖起新的旗帜。他告诉丁香园，海正辉瑞会以"质高价优"的理念进军国际市场，而发力品牌非专利药——既包括仿制药也包括专利过期的原研药——将是海正辉瑞奔向世界的第一步。

众所周知，随着全球大量原研药专利到期，品牌仿制药已成为全球医药市场增长最快的领域之一。有数据显示，全球2011年仿制药销售额超过1 300亿美元，仿制药的增长速度是全球药品增长速度的两倍多，而中国更是约有90%的市场被仿制药占据。肖卫红透露，预计到2018年左右自主研发的产品可以获批。未来公司希望每年至少推出7个仿制药产品，其中2个是差异化产品或更有竞争力的首仿品种。

在采访中，肖卫红坦言，在制定产品策略时，海正辉瑞不太愿意用"仿制药"这个词。这个词虽然在国外并无贬义，但"橘生淮北则为枳"，到了中国，一提到"仿制"，可能就算是专家也会认为这是质量差，甚至是假药的代名词。正是基于此，他尤其强调"国际化品质"这一理念，将海正辉瑞的产品定位为"品牌非专利药"。

肖卫红表示，海正辉瑞在建立伊始就直接引入借鉴辉瑞的技术平台、管理理念以及研发生产的体系标准。并于2016年5月顺利通过了国家食品药品监督管理局新版GMP认证，并成为"国家食品药品监督管理局食品药品审核查验中心GMP培训基地"。作为(GMP)培训基地，富阳生产基地将为新版GMP认证检查员提供实习场地，成为药监管理部门与药品生产企业间的技术交流平台，并为政府制定有关药品质量标准政策等方面提供信息和支持。这对一家新企业而言，无疑是一种巨大的肯定，同时也反映出海正辉瑞质量控制及管理技术的先进。谈及质量管理，不能不提及辉瑞的PQS，这是辉瑞对旗下生产部门的质量管理水平进行评价的体系。这一体系标准相当严苛，高于目前全球所有官方药品监管机构的要求。形象地讲，经过这一体系的考验，意味着生产出的药品可以出口到世界任何一个国家。肖卫红自豪地告诉丁香园，海正辉瑞目前也在按照这一标准进行药品的生产筹划，而通过PQS认证也赋予产品巨大的质量优势。据悉，PQS标准将贯通于海正辉瑞的生产体系、管理体系和环保体系。

3　多元文化的融合

在海正辉瑞成立之初，拥有炫目外企履历的高管团队曾经引起业界热议，也让人对这家公司的未来格外期待。然而，曾在原研药江湖纵横捭阖的外企经理人如何领导多元化背景的员工在品牌非专利药的天地打拼？面对这个问题，在辉瑞有过8年人力资源工作经历并曾任多元化事业部总经理的肖卫红，话语停顿了片刻，仿佛心中有很多故事和画面正在回放，但笃定的眼神又在向我们透露他对这一挑战的自信。经过一年的运营，海正辉瑞在融合方面也的确取得了很好的成绩。

海正辉瑞目前2 000余人的团队中，人员组成有三个来源，海正转移员工，辉瑞转移员工，以及通过社会招聘而来的员工。来源的不同决定了业务风格的迥异。面对这种复杂现状，海正辉瑞明智地采取开放的心态和多元化的理念加以应对。肖卫红介绍说："虽然大家的价值观和工作习惯不一样，但是我个人更喜欢多元化。虽然刚开始有很多不习惯，但是时间长了会逐渐发现多元化的优势。这对于我们来说是一项挑战，但是互取所长，从彼此身上学习，大家为了同一目标协调、配合好，是可以起到合力加大的作用的。"

2013年，海正辉瑞的员工流失率只有15%，仅为行业平均水平的一半。这意味着海正与辉瑞原有企业文化的融合已经取得了相当好的成绩。肖卫红特别强调，在选拔人才时，不太在乎人才是否在本专业领域最好，主要看中其是否具备创新和挑战精神。此外，海正辉瑞也逐渐形成了"存真、尽美、至善"的企业文化，肖卫红强调，这一文化体系中他所推崇的第一元素即"简洁"，公司希望管理者和员工能高效率完成工作。第二元素即敢于否定自我、敢于创新的精神，反映在业务方面，不单是借用母公司的理论和模式，更是要形成适合合资公司本身所需要的自主路线。

以药物的推广策略为例，辉瑞一向高举原研药学术推广的大旗，而海正则对仿制药的营销有独到的心得。肖卫红表示，经过一段时间的摸索融合，一条更接地气、更灵活、满足中段市场医生现有需求的学术推广路线已隐隐形成。

适应品牌非专利药产品定位的多元化推广模式将是海正辉瑞未来的营销策略。"尽管药物并非原研药，但学术推广依然要突出自己的特色，走低成本、高效率、富有差异化的推广之路。在技术平台、给药方式、外壳包装上做出我们的特色，以给医生和患者带来更多的获益。"肖卫红如是说道。

永远相信美好的事情即将发生，在肖卫红的理念中，海正辉瑞的下一站既不是小海正，也不是小辉瑞，而是连读的"海正辉瑞"。这一理念令人看到一个具有完整生产和研发体系、营收过百亿元、闯入中国药企十强的海正辉瑞仿佛正向我们走来。

设计：付珍珍
责任编辑：宋晓萍
首发于：2014年7月

第一三共在中国开疆拓土采用多样化战略战术

因时而变，因势而变

" 第一三共一定要在中国进行本地化建设，在中国要学习，不断地学习、不断地更新，有了这种思维，一定会赢。"

  2012年，日本第一制药与三共株式会社中国区的整合大戏终于落幕，具有临床背景、兼具中国及日本医学教育经历的包幼甫成为整合后中国区的总裁。走马上任后，熟稔医生需求与中国市场的他通过适时引入新品，因势拓展业务，让第一三共(中国)欣赏到了更上一层楼的中国风景。如今，"隐形冠军"已成气象。

因时而变，因势而变

1 包氏跃进

  从一名上海的内科医生，到接受日本科班教育的的医学博士，再到第一三共(中国)区总裁，包幼甫在中国的医疗、医药行业历练三十多年，用他自己的话来说就是："我出生于中国，成长于中国，由此对中国的国情、市场以及对医药行业的制造和经销企业非常熟悉和了解，特别对医疗体系了如指掌，对医生的需求感同身受。"

  第一三共(中国)将全球市场划分为美国、欧洲、日本和亚太拉丁美洲等四大区域。鉴于中国庞大的市场容量以及飞速的成长性，各个药企巨头纷纷抢滩登陆，跑马圈地。第一三共(中国)也不例外。如何应对中国市场的变化，抓住其中的机会很有可能决定一家跨国药企在未来世界医药市场中的地位与命运。

  根据总部的规划，今后第一三共(中国)在中国的发展主要分3大块，即品牌创新药物、品牌仿制药和OTC领域API(原料药)。包幼甫则结合中国实际情况，将目标拆解为5个来源和3项努力：收入来源主要通过新产品积极导入、现有产品的快速增长、品牌仿制药的拓展、OTC和原料药(API)的输出等5个方面实现，同时第一三共(中国)要努力获得总部的支持，依靠自身的发力，实现多元化合作的拓展。

第一三共(中国)自1998年在中国大陆开设第一家药品生产企业，截至目前，共上市了11个原研产品。主要集中在心脑血管、抗感染、呼吸道等疾病领域。这其中：心脑血管的傲坦和美百乐镇，抗感染药物可乐必妥与呼吸系统药物阿斯美等7个产品的年销售额均已过亿元。此外，心血管药物傲坦和美百乐镇亦后劲十足，它们或将成为第一三共(中国)营收冲上30亿元高峰的有力新引擎。

品牌仿制药是包氏跃进成功的另一个抓手。如今，随着大量国外专利药到期、国内相关政策趋向松动，中国仿制药产业正在迎来一个前所未有的"机遇期"，2015年市场规模接近5 000亿元。但中国药企依然存在技术能力落后和产业发展滞后等因素，这一巨大鸿沟的存在给第一三共(中国)带来了相当多的机会。包幼甫向丁香园介绍说，按照第一三共(中国)的规划，其进入仿制药领域的原则是必须与现有原研药的产品线相匹配，例如心血管药物、抗生素等；同时还会涉足一些专科领域，例如消化系统用药和糖尿病用药。

此外，随着中国经济的发展，消费者对自身健康也愈加重视。包幼甫表示："中国的GDP增长很快，人们的生活方式发生了很大的变化。高血压、高血脂、糖尿病这类以往在发达国家普遍存在的疾病在中国已经变得非常'流行'。"

因此第一三共(中国)接下来会打造"大健康"的概念，在OTC药物方面加以拓展。中国大部分消费者对OTC药物的选择并不明确，但对来自日本的品牌却十分信任。而且第一三共(中国)集团旗下还有一家OTC公司，以及保健品生产企业。我们想通过企业的品牌和广谱的OTC产品线，联手国内具有特色的有力企业，构建统一的品牌管理、生产及网络营销模块，根据战略目标开展收购，然后改革药品的制作工艺，提高药物的治疗效果，真正树立第一三共(中国)自己的OTC品牌。计划在2~3年内执行我们的战略计划，将国外先进的生产技术、质量体系管理技术、营销及品牌管理的概念引进到中国来。

2 洞悉中国市场

包幼甫对中国的药品市场的认识有一个非常形象的比喻：欧洲加非洲。采访中，他说道："管理一个欧洲是容易的，欧洲的文化背景、生活习惯和经济水平相对比较高，管理难度不大；管理一个非洲也是比较简单的事情，非洲的总体医疗水平相对较低。两个不同的经济实体各自为政当然不存在问题，如果将这两个经济体集中管理，用统一的法规政策覆盖实施这两个地域，这样的法规肯定不能有效兼顾，必然难以首尾相顾。这是我所理解的中国药品流通领域。"

基于这样的理解，第一三共(中国)在包幼甫的带领下在中国开疆拓土时采用的多样化战略与战术与其他跨国药企有着显著的差别，颇给人耳目一新之感。

在包幼甫看来，中国地域广大，在当前的业务模式基础上，一家医药公司想要全面覆盖所有市场是一件不太现实的事情。2011年，以海正辉瑞为代表的内外资企业合作曾经在国内引发广泛的关注，随后先声药业和默沙东公司也结成了战略联盟。包幼甫介绍说，外资企业与内资企业的合作，从某种程度上说是外资企业本土化的一种路径，第一三共(中国)也与国内企业有广泛的合作，不过他认为："合作不能盲目。第一制药与三共制药都是日本公司，二者完全整合尚且需要5~10年时间，因此合作模式不一定要成立合资公司，我更倾向于一些互补性的合作，比如营销合作和品牌合作就是一种很有效的途径。"

包幼甫强调，在战术上第一三共(中国)要发挥产品和营销的优势，寻找合作伙伴拓展销售渠道，打一场"合伙人"的营销战。如果做品牌产品、专利产品，必须提高市场策略人员和医药代表的整体素质，做品牌和市场的领头羊。第一三共(中国)旗下的明星药物傲坦是目前世界上疗效最好的抗高血压药物之一。为尽快推动这款药物在中国的营销和推广，包幼甫选择了与心血管领域中品牌知名度最高的辉瑞制药(中国)进行联合营销合作，收到非常好的效果。

同样，为加快在周边市场的快速渗透，第一三共(中国)对一些药物采取了外资品牌加本地渠道的营销策略。降血脂药物美百乐镇是第一三共(中国)预备重点发展的品类，在推广时便选择了一家渠道相当强势的民资药企。这样的方式既能发挥双方的优势，又在资源的合理运用上得到互补，同时也可带动和提高民营企业学术和推广水平。

在开展仿制药产品的营销时，第一三共(中国)也采取了类似的策略。通过组织专门的营销队伍，做群体市场甚至借助经销商的流通渠道，把成熟的产品以最低的成本尽快地传递至市场，绝不按照新药的模式做。善用民营企业和国有企业的渠道资源，以更快的速度扩大市场，取得更高性价比的结果。总结起来，第一三共(中国)的合作标准是：第一，打破过去跨国企业与民营企业井水不犯河水的状态；第二，更符合中国医改体制的医疗和市场环境。

除此之外，包幼甫对医疗体制的改革也颇为关注。所谓牵一发而动全身，顶层设计的纤细改动可能会对药品的生产与流通产生巨大的影响，继而改变中国医药市场。根据他的观点，公立医院的体制和经营模式的改革、医疗保险的全民覆盖、基本药物目录的进一步扩容、药价设置的合理化与科学化以及药品流通区域的全国化等方面有着千丝万缕的联系，彼此环环相扣。只针对一个方面进行改革无异于隔靴搔痒，只有齐头并进，才能开动中国医疗的这只大船驶入蓝海，改变目前以药养医的局面，这才是医疗体制改革的提纲挈领之举。

3　创新、激情与价值观

因时而变、因势而变是包幼甫治下的第一三共(中国)面对市场的因应之策。虽然组织结构会有变化，市场策略会有变化，合作伙伴会有变化，但对于第一三共(中国)有哪些东西是不变的呢？当丁香园问及这个问题时，包幼甫迅速回复："创新、激情与价值观是永远不变的。"

包幼甫告诉丁香园："变与不变，都是相对的。比如我现在经常强调，管理干部第一是要有激情，第二是要有正确的价值观，第三个要有不断学习不断创新的习惯。这三个是缺一不可。如果你有激情，没有正确的价值观，没有能力，空的；你有激情，你有能力，如果价值观错了，你的方向判断也就都错了；如果你有激情，你有正确的价值观，没有能力也体现不出你的价值；有正确的价值观、有很强的能力，聪明的人多了，没有激情，他也没有办法表现出来。"

针对一些跨国药企通过不法手段开展营销的丑闻，包幼甫饶有兴趣地谈了自己的看法。他表示，在日本，医药行业因为关乎健康与生命，因此特别受到关注。"日本的医药行业的负责人都必须经过严格的考核，其中就包括对于道德水准的评价。"

作为跨国企业，第一三共(中国)有自己的合规系统，根本宗旨是要把最新的学术信息和正确的药物信息按照中国法律规定的方式传递给临床医生。中国医疗行业的大环境在很多方面需要改变，医药代表的职能就是一个大问题。医药代表必须要经过专门严格的医药学训练，把新进入市场的新药信息、合理安全使用信息正确地传递给临床医务人员。同时再将医生在临床上使用以后的信息和不良反应(ADR)，收集回企业进行分析和研究，这也是作为一家研发制造和销售的制药企业的社会责任之一。

感知医生的需求、洞悉医生的想法不一定非要医药代表亲自面访医生才能实现。第一三共(中国)会搭建各种平台进行国内外的学术交流，既能够让更多国外专家了解中国，也让中国医生了解世界医学发展水平，从中我们也能传递正确的产品信息，并得到想要的反馈。正是出于这样的目的，第一三共(中国)和丁香园联合创建了"可乐必妥®抗感染之港(CAH)"学习专区，为临床医生提供了抗感染领域的相关最新资讯、文献指南以及精彩课件等诸多学习资源，在这一专区医生们可以方便地就抗感染的话题展开交流碰撞。

　　除此之外，"我们着力于人才经营团队的本地化建设，目前第一三共(上海)的各个部门负责人几乎清一色的是中国人。"目前，第一三共(中国)现在拥有营销人员近千人，人员不会无限制地扩张。"第一三共(中国)一定要在中国进行本地化建设，培养及用好这批人。在中国要学习，不断地学习、不断地更新，有了这种思维，一定会赢。"

设计：付珍珍

责任编辑：宋晓萍

首发于：2014年7月

阿斯利康作为一家研发、生产和销售原研药物的巨头

创新意味着企业的生命

" 2014年第一季度新鲜出炉的数据显示，如今的中国已超越日本成为阿斯利康在全球的第二大市场。这意味着中国不但是阿斯利康的重要增长引擎，而且在其全球版图中的重要地位也日渐凸显。"

如果说1993年阿斯特拉(无锡)制药有限公司的成立是阿斯利康在中国种下的第一粒种子，那么如今位于上海张江的阿斯利康(中国)总部无疑已成长为一棵参天大树。这其中，2011年履新的中国及香港地区总裁大卫·斯诺的中国之策到底是什么呢？

阿斯利康的中国之策

1 深耕中国

"2014年第一季度新鲜出炉的数据显示，如今的中国已超越日本成为阿斯利康在全球的第二大市场。这意味着中国不但是阿斯利康的重要增长引擎，而且在其全球版图中的重要地位也日渐凸显。"在丁香园的专访中，斯诺先生如是说道。

2013年，阿斯利康在中国的销售额超过18亿美元，业务增长达到年均19%。考虑到阿斯利康是一家以创新为驱动的全球性生物制药企业，专注于研发、生产和销售处方类药品，以及中国药品市场的仿制药份额相当之大，对照之下，这一数字不可谓不亮眼。

如今，阿斯利康在华已累计投资超过5亿美元，战略布局已逐渐完善：投资2.9亿美元建设无锡供应基地，投资2.3亿美元建立泰州生产基地。二者将成为中国、亚太乃至全球供应中心。2013年8月，阿斯利康亚洲及新兴市场创新医药部迁至上海张江高科技园区。阿斯利康充分利用其在中国、亚洲以及其他新兴市场如俄罗斯、巴西的业务拓展、行业见解以及市场网络来对抗疾病。通过在上海建设的最先进的研究实验室以及不断扩大的外部合作网络，阿斯利康不断强化其在新兴创新热点领域的医学和科技生态系统，由此取得下一代的医学突破。

2 力推新品

阿斯利康在心血管、肿瘤、呼吸等重点领域力推新品。在采访中，斯诺先生颇为自豪地向丁香园介绍了阿斯利康研发线的重要进展。

这个话题首先从阿斯利康与百时美施贵宝合作开发糖尿病药物开始。两家药企在2007年1月达成联盟合作关系，目的是联合开发用于治疗2型糖尿病的药物。2012年8月，双方共同斥资53亿美元收购Amylin制药公司。随后这种合作领域进一步拓宽，将其他一些与糖尿病相关的产品也覆盖在内。

斯诺先生表示，这一合作收到了良好的效果，DPP-4抑制剂沙格列汀已成功在中国上市，而另一款重要的糖尿病药物达格列净与沙格列汀的复方糖尿病产品正处于3期临床阶段，目前进展良好。出于对糖尿病业务后市的坚定信心，2013年底，阿斯利康决定以41亿美元的价格全部收购和百时美施贵宝(BMS)共同开展的糖尿病药物业务。在中国约有一亿患者饱受糖尿病的困扰，斯诺先生确信，阿斯利康的这些努力将为这些患者带来福音。

在心血管方面，阿斯利康旗下的倍林达几乎是中国最畅销的心血管药物。该药物属于口服型的选择性P2Y12受体抑制剂，可预防ADP介导的血小板激活和集聚，常用于成年急性冠状动脉综合征(ACS)患者动脉粥样硬化血栓形成的预防。斯诺先生告诉丁香园，FDA基于PLATO研究的结果支持倍林达上市，这款药物在研发过程中还有中国研究者深度参与。这对塑造倍林达在ACS领域的影响上助益良多。

在阿斯利康的产品线上，癌症药物的研发亦有亮点。斯诺先生介绍说，针对中国每年新发60万患者的严峻现实，阿斯利康正在加快对肺癌药物AZD9291的研发进度。对于晚期非小细胞肺腺癌(NSCLC)患者而言，针对EGFR和ALK突变的靶向治疗是现今的标准治疗方案，而阿斯利康D9291是一款不可逆的EGFR靶向酪氨酸激酶抑制剂，旨在治疗那些对现有EGFR抑制剂产生耐受性的NSCLC患者。这款药物的临床试验将在世界范围内开展。

3 持续创新

作为一家研发、生产和销售原研药物的巨头，创新几乎是阿斯利康的生命。在斯诺先生看来，创新已经成为公司核心价值观中不可分割的一部分。以阿斯利康CEO帕斯卡尔·索里奥特为例，在过去两年间，正是在他的领导下，阿斯利康想前人之不敢想，做前人之不敢做，将创新贯彻到了研发、生产及营销的各个环节。

事实上，阿斯利康（中国）近年来取得的成就正是秉持这一价值观的结果，而阿斯利康亚洲及新兴市场创新医药部则是最好的体现。

斯诺先生介绍，为在研发上取得卓越进展以满足亚洲患者未被满足的需求，阿斯利康将研发重点放在能够最大限度地影响和改善患者需求的医疗领域，开发了一系列潜在产品以治疗肝癌、胃癌和肺癌等在亚洲人群中具有高发病率的疾病。阿斯利康亚洲及新兴市场创新医药团队总部位于上海，隶属于阿斯利康创新药物和早期开发部门。阿斯利康（中国）的研发人员专注创新药物研究，致力于候选药物的研发以及概念验证，以满足亚洲人群特有的医疗需求。

阿斯利康将在中国和世界范围内积极寻找创新研发伙伴，以促成具有开创性的发现。公司已经和一些学术和医学机构建立了稳固的合作关系，这些机构不仅拥有与阿斯利康互补的高端专业知识，而且具有深厚的科学知识基础和本土化视野。在中国，阿斯利康有志于获得与内部核心专业知识互补的外部能力，从而使创新性的新药更快惠及中国的患者。

除此之外，对于如何将正确的信息传递到正确的人手中，阿斯利康也做了富有创新的有益尝试。斯诺先生强调，将正确的药品、医疗和卫生保健的相关信息传递给医生和患者，能够在很大程度上帮助他们熟悉药品、认识疾病并了解制药公司。相反，在这一传递过程中，如果接触到了错误的信息，很有可能导致严重后果。这一情形在中国并不鲜见。在当前数字化成为全球趋势的背景下，斯诺先生也强调了阿斯利康将充分利用数字和社交平台来传递更多高价值的信息给目标受众的策略。尤其对于中国大众所广泛应用的微信，斯诺先生也重点提到了。用创新的数字化技术提升信息的沟通效率，同样也是阿斯利康持续创新中的重要一环。

与此同时，斯诺先生也认为，通过与丁香园展开多层次的合作，充分利用后者的平台、用户，以及成熟的数字化技术和信息传播渠道，对医生展开有效的继续医学教育和学术互动助益良多，也将对帮助阿斯利康促进医药生态的发展起到非常重要的良性推动作用。

4　凝聚团队

目前，阿斯利康在中国大陆的主要城市都有分支机构入驻，在香港特别行政区设有办事处，在全国拥有8 000多名员工。对于如何高效管理这支庞大的团队，斯诺先生颇有心得。

阿斯利康能够形成如此高效默契的团队，并非一日而成，也非单独某个因素促成的，而是源于在整体上持之以恒地贯彻企业文化和核心价值。阿斯利康着力于完善培训体系，旨在开发员工的潜能。而员工们常说他们能够在这里学到东西，能够挖掘自身的潜力。这样的良性循环使得公司团队有"我为人人，人人为我"的良好氛围。斯诺先生十分自豪于公司的这一做法，而这不仅由于有优秀的领导团队，更重要的是公司专注于如何运用员工的天赋。

对于公司的管理团队而言，重要的是使员工融入企业文化，沉浸到自己的工作当中。这些取决于管理层能否使员工认同企业，并形成相近的价值观。

关于人才的流动，斯诺先生也有自己独特的观点。他认为，这样的流动几乎每个人都经历过，比如员工离开团队去开发其他的市场，甚至辞职去做其他的工作。阿斯利康员工有时会在公司内部变换不同的角色，比如从运营做到市场等等。这并不是每个人必须要做的，而是一种职业化的综合训练，他自己也曾经经历过不同工作和角色。

当然，如果换位思考，当员工获得了更好的工作机会，对于这样的流动，阿斯利康的态度是乐观其成。公司在感谢员工的忠诚的同时，更看重对价值和文化的认同。斯诺先生举例说，他曾碰到过离开阿斯利康的员工又重回公司，这也许就是证明企业文化吸引员工最好的例子。

5 推动公益

对于一家制药企业而言，研发、生产出合格有效的药物足以体现自己的社会价值。在斯诺先生看来，这只是基本要求，阿斯利康还需要做到更多。

自2007年起，阿斯利康携手中华慈善总会成立易瑞沙慈善赠药项目，由阿斯利康向总会无偿为符合条件的贫困晚期肺癌患者提供医疗救助。该项目已在全国30个省市设立了慈善赠药发放点，并吸引了超过2 000名医生作为志愿者参与其中，截至2013年，获得赠药的患者累计近2万名。目前，公司正在与中华慈善总会协商进一步改进并优化项目的援助模式，希望此援助项目能更加切实地解决贫困患者的经济困难，使更多晚期肺癌患者及家庭从中获益。

鉴于乡村医生在基层卫生医疗服务体系中的重要性，2009年，阿斯利康号召发起乡村医生医疗再教育项目，旨在通过对全国各城市基层医疗卫生机构人才的培养，提高基层医生的诊疗水平，并且通过长期规划和投资，致力于满足经济困难群体以及居住在一线大城市以外地区的病患者的需求。截至2013年，该项目覆盖40余座城市、数万人次，成为国内迄今为止规模最大、持续时间最长、主题最具延续性的全科医生公益培训项目。项目在提高全科医生、乡村医生的诊疗水平的同时，也使得阿斯利康被更多的全科及乡村医生所认识和了解。

2013年，阿斯利康又成功地将全球"青少年健康计划"引入中国并顺利开展。该计划旨在帮助中国各城市的流动儿童，解决他们所面临的健康问题，改善其未来生活。阿斯利康在广州、成都、无锡、北京和上海等城市的民工子弟学校开展健康教育课堂，向青少年普及健康知识，以提高他们的自我保护意识与能力。目前，项目已吸引200多名志愿者参与，惠及全国800多名流动儿童。

　　阿斯利康认为，履行社会责任不应只局限于公司商业活动范围内的慈善事务，而应全方位地为社会和环境做出更多努力。因此，阿斯利康制定了"安全、健康和环境策略(SHE)"，为控制环境破坏，创造安全、健康、充满活力的工作环境，提供明确的框架原则，2010年已完成了2005年设定的大部分目标，现正努力推进2011-2015年所作出的各项承诺。

设计：付珍珍

责任编辑：宋晓萍

首发于：2014年7月

西门子医疗将竭力通过创新技术和解决方案，最终

推动医学创新 造福患者

医疗行业的从业者不光要做出漂亮的业绩和财务报表，同时社会责任感也是这个职业的应有之义。

西门子和中国的渊源可以追溯到140余年前，到目前为止，这家全球最多元化的跨国公司的全部业务都已进入中国，拥有员工32 000余人，20个研发基地以及76个运营分支机构公司，成为推动中国经济与社会发展的核心力量之一。值得一提的是，其医疗业务领域的表现尤其令人瞩目，在上海市生物医学工程学会医疗信息研究院发布的《2009—2012年中国医疗器械最具竞争力企业10强》竞争力报告中，西门子医疗在放射领域一直稳居首位。其中，身兼西门子中国区执行副总裁暨医疗业务领域总裁的吴文辉功不可没，那么从飞机制造业转向医疗行业的他是如何看待这段历程，又是如何看待西门子医疗在中国的创新之路的呢？

创新驱动，志存高远的西门子之道

1 创新驱动下的职业选择

2010年10月1日，吴文辉履新西门子中国区医疗业务领域总裁，成为中国区高管团队中的首位中国面孔，而在大学期间，他就读的专业却是飞机制造。这一专业跨越引起了丁香园的兴趣。吴文辉解释道："我来自江西，母亲做了一辈子公社医院的院长，她1995年得了脑溢血，住进了县医院，但县医院没有CT，医生不敢做手术。那时候，从县城到南昌公路不好，医生说如果救护车一路颠簸过去，她也会去世。当时我正在日本出差，赶回来后只见了她一面，她就去世了。那时候，我发自内心地感受到医疗技术创新的重要性。"

这一心路历程对吴文辉影响如此之深刻，以至于彼时已是西门子旗下一家独立法人公司总经理的他甘愿来到西门子医疗领域当一个部门经理。吴文辉告诉丁香园，这源于他对医疗行业的热爱与使命感，为了这个机会他已经等待了多年。

推动医学创新造福患者不仅仅是吴文辉的愿景，同时也体现在西门子医疗的价值体系建设中。在他看来，西门子医疗的价值体系应体现在四个层次。第一努力工作为自己，每个人走到今天都不容易，为了对得起自己过去的这么多努力，应该要让自己有更好的明天；第二为家人，家庭是这个社会的基本单位，每个人都肩负有自己的责任，为了对家人有所回报，既然做了这行就把它做好；第三为企业，企业作为员工施展才能的舞台，只有舞台更大，参与的人才能更多，舞蹈才能更精彩；第四就是为了社会，"在中国因病致贫和因病返贫"的情况比比皆是，因此医疗行业的从业者不光要做出漂亮的业绩和财务报表，同时社会责任感也是这个职业的应有之义。

2　创新式布局基础医疗市场

和大多数跨国公司一样，西门子中国的大部分销售份额来自于城市，即西门子的核心业务——工业、能源和医疗最主要的市场仍集中在城市，而且其产品向来以技术先进，性能优越但价格昂贵而著称。

我国的"十二五规划"确立了为13亿人口提供基本医疗服务的目标，提出了"保基本、强基层、建机制"的医疗方针。这一顶层设计开始让西门子医疗转向。2014年4月初，国家卫生计生委、财政部、中央编办、国家发改委、人社部五部门联合下发《关于推进县级公立医院综合改革的意见》，要求2014年县级公立医院综合改革试点覆盖50%以上的县(市)，同时，中央财政将为1 011个补助公立医院试点县提供30.33亿元，支撑县级公立医院改革推进。西门子医疗一直都在关注这一政策导向，为把握医院改革机遇先机，西门子医疗从产品线到市场策略，无不在向基层医疗市场倾斜。

吴文辉表示，西门子医疗将竭力通过创新技术和解决方案，根据基础医疗的需求研发产品，进一步开拓基础市场，优先满足群众基本医疗卫生需求，致力于为更多的人提供可负担的医疗，兑现提升中国医疗水平的百年承诺。同时，西门子会根据国家规划调整研发、生产、销售和服务，积极投入到基础医疗市场，开发适合中低端市场的产品，并且会有专业团队提供优质服务。

从2006年起，西门子(中国)开始自上而下地推行一个名为"SMART"(聪明)的战略计划，目的是设计出一批符合S.M.A.R.T.理念的产品，即符合简单易用(simple)、维护方便(maintenance friendly)、价格适当(affordable)、可靠耐用(reliable)和及时上市(timely to market)五个基本原则。这样的战略将给中国市场提供性价比更高的产品，而采购、研发、生产、销售的本土化战略是实现SMART战略的有效途径。西门子对此寄予厚望，希望借此打开中国的基础医疗市场的大门。

撬开市场的利器始终是质优价廉的产品，对这一点吴文辉并不讳言。对于以往"身居高位"的西门子而言，应该如何放下身段去感知中国基层市场的需要，生产出适合的产品呢？

产品研发生产的本土化是这一战略的重要组成部分。近年来，西门子医疗分别在西门子上海国际医学园区、西门子爱克斯射线真空技术(无锡)有限公司、西门子迈迪特(深圳)磁共振有限公司累计投资6亿元人民币，用于本地化影像产品的研发和生产。而为了使更多的医院受益于西门子医疗为中小医院量身定制的SMART系列产品，西门子医疗还与广东康健医疗设备有限公司达成合作意向，为中国的东南部地区提供高性价比的数字X光设备。

除了高技术含量，零部件价格高也是导致西门子高端的医疗产品售价较高的原因之一。近年来，中国研发团队根据中国现有的工业零配件生产水平设计研发的机型有80%的零部件是在中国采购的，大大降低了成本。

除此之外，人才的本土化也是降低成本的重要方法。吴文辉告诉丁香园，西门子(中国)的员工中99%都是中国人。因此从这个层面上来说，西门子(中国)就是一个中国公司，这些本土化的人才不仅带来成本优势，而且更了解中国本土的医疗需求。

3 创新的"长征"之旅

在率领西门子医疗向目标前进的过程中，吴文辉似乎特别喜欢使用"长征"这一概念。"长征的本质是秉持信念、坚韧不拔、勇于创新和团队精神，现代企业同样适用。"在不久前，他作为西北工业大学杰出校友参加翱翔名家讲堂的活动时，就与师生分享了如何将长征精神融入公司价值体系建设的案例。

而在更早些时候，西门子医疗还曾连续举办了两个系列的"重走长征路"活动。首先是在企业内部，公司上下员工沿着红军长征的路线，每年走其中一段，他们身着红军制服，跋山涉水，来到了江西井冈山、云南寻甸和四川西昌，与当地百姓交流，在行走的过程中进行团队建设、战略回顾和部署。

此外，西门子医疗与中国国际医学交流基金会发起了另一个长征之旅，即"健康中国——重走长征路，关注支持基层医疗，致中华医学会百年庆典"活动。这项活动从2012年开始，持续至2015年，以一辆配备了西门子医疗全方位诊疗产品的展示车为载体，从江西瑞金出发，重走当年长征路线，途经江西、福建、广东、湖南、广西、贵州、云南、四川、甘肃、宁夏、陕西，共11个省份，致力于推动基层医院影像技术水平的发展，让先进科技惠及更多病患，促进基层医疗水平提高。迄今为止，已有数百家县级医院的2 000多名医生参加了培训。

4　创新手段面对挑战

吴文辉认为，总部设在外国的国际型企业，即通常意义上的外企，在中国的发展大致可分为三个阶段：首先是产品优势，外企进入中国市场之初，凭借其出色的产品质量取胜；继而是资金优势，外企在中国各地政府招商引资的政策支持下，依靠其雄厚的资金实力建设工厂；然后是创新优势，在竞争日趋激烈之时，外企开始踊跃地在中国设立研发中心，不断推出新技术和新产品。企业在不同的发展阶段会面临不同的挑战，西门子同样也是如此。

在谈及挑战这个话题时，吴文辉自信地表示，技术水平上，西门子医疗并不担心。根据近几年的数据，西门子医疗每年会拿出总收入的8%~10%用于研发，这个数字虽比制药企业要低，但具体到医疗器械行业来看，却是各大上市公司之中最高的。这一巨额投入为西门子医疗的技术储备夯实了基础。

吴文辉坦言，目前面临的主要挑战主要有两大块，一块是营商环境，另一块则是人才。前者主要是指如何使西门子更好地成为并被视为一家本土公司。中国政府扶持本土创新的医疗设备，这无可厚非。对于西门子(中国)这家深耕中国上百年，大部员工和高管团队都是中国人的公司，如何能让政府认可，的确是一个挑战。接下来西门子将更好地做好沟通工作，以期有所改善。

人才是当下的西门子医疗面临的又一个主要挑战。西门子创始人维尔纳·冯·西门子很早就有"雇员的积极性是公司成功的基础"这样的认识。在这方面，西门子的做法颇为业界所称道。"综合员工发展计划(CPD，Comprehensive Personnel Development)"是西门子用人体系的最核心的内容。西门子用人、发展人、留住人等都通过综合员工发展计划进行，根据员工的不同情况，公司为每一位员工制定了短期和长期发展规划，并通过技术和管理培训、工作轮换、国际交流、项目参与以及晋级、加薪等不同步骤与方式实施。

如此看来，西门子医疗的创新路径既短又长，短在审时度势，及时转弯，长在志存高远，精耕细作。在如此高的境界与强大的执行力的加持之下，一张漂亮答卷已隐约可见。

设计：付珍珍

责任编辑：宋晓萍

首发于：2014年7月

默克雪兰诺在全球一直积极履行企业责任

默克—创新引领生活

" 只要在自己专注的领域里面能够带来大的影响，就是一种成功。我们正通过对整个价值链进行投资来构建我们在中国的未来！"

　　2014年3月，默克集团发布2013年年报。在充满挑战的市场环境下，集团业绩增长依旧强劲，以亚洲(日本除外)为代表的新兴市场成为业绩的重要贡献力量，销售额增长了9.3%，贡献主要来自默克雪兰诺的生物制药分支。这一亮眼数字意味着，安高博为默克雪兰诺制定的在中国的弯道超车战略已经完成了惊险一跃，开始进入到火力全开的大步前行阶段。

默克雪兰诺的弯道超车

1　专注带来竞争优势

　　追溯默克集团的历史，要回望至300多年前。1668年，弗雷德里克·雅各布·默克购下"天使药房"，开始了创业历程。340多年后，默克已经成长为一家全球领先的医药与化工公司，目前在世界66个国家拥有约38 000名员工。2007年初，默克收购了全球领先的生物制药企业瑞士雪兰诺公司，并将默克原有的处方药业务并入其中，成立了默克雪兰诺有限公司。

　　2013年是默克进驻中国市场80周年。在采访中，安高博告诉丁香园："2013年对默克雪兰诺(中国)而言，是相当重要的一年。这主要体现在公司所专注的两大不同的产业方向上。在化学化工产品方向，我们一如既往地投入了很多精力。而在基础医疗领域，默克的产品囊括了心血管药物、甲状腺药物、外科急症药物、生长激素以及抗过敏药物。在抗肿瘤领域，我们在中国市场也取得了不错的成绩。"截至目前，默克雪兰诺已向中国引入生殖领域、肿瘤领域、心血管领域、外科及急重症领域、甲状腺领域、糖尿病领域、内分泌领域、变态反应性领域等8大领域的14种药品。

安高博认为，这些成绩的取得主要基于默克的战略眼光一直瞄向各个市场的不同需求，最大限度地满足不同人群的治疗需求，并以此引导药物开发，这样的特质让默克在中国市场上保有傲人的竞争力。公司长期致力于发展专科治疗领域业务，包括肿瘤、神经变性疾病、生殖和内分泌，还包括风湿病等崭露头角的新领域。以生殖领域为例，在中国目前约有2 000万对夫妻面临不孕不育的难题，在这个方向上默克雪兰诺投入了大量的针对性力量，与此相映衬的是，公司生殖类药品所占市场份额排名第一。除此之外，默克雪兰诺的甲状腺药品的市场份额也是排名第一，在β受体阻滞剂、结直肠癌治疗方面也一直处于领先地位。"只要在自己专注的领域里面能够有大的影响，就是一种成功。"安高博如是说道。

默克雪兰诺在中国研发和业务领域的投资金额已经超过18亿元人民币。研发的重点方向是肿瘤、分子、化合物、生物标记，公司的承诺是要把这些生物技术带到中国来。目前，一些生物技术类药品已引入中国市场，包括生殖类药品和肿瘤类药品。中国肿瘤团队近100人，包括研发、商务、医学人员，这是一个相当专业化的团队。此外，默克雪兰诺公司中国研发中心有一个核心团队，团队主要致力于生物标记物的研发，包括药物基因学研究和生物分析活动研究。同时，团队致力于肿瘤、神经变性疾病、自身免疫及炎性疾病、生殖、内分泌等领域的新药研发，完成从实验室研究、临床研究到上市报批的药物研发过程。

2　融入中国的新处方

如果仔细观察近年来默克雪兰诺在中国走过的道路，可以很明显地感觉到，她在中国的开疆拓土有了新的"处方"。用安高博的话来讲，这张处方可以总结为："经由我们的研发中心，从提升开发能力、商业化布局到新建生产厂，我们正通过对整个价值链进行投资来构建我们在中国的未来！"

早在2009年，默克就已在华成立了中国研发中心。作为默克雪兰诺全球重要的研发中心之一，中国研发中心不仅可以提高中国的研发水平，更能增进与全球研发机构之间的联系，可以更好地加大默克雪兰诺全球产品研发的力度，拓展全球研发的专业知识和能力。此战略也成为公司进一步创新的重要驱动力，推动默克雪兰诺公司最终履行"默克——创新引领生活"的使命。

作为一个完整的研发中心，中国研发中心的使命是促进创新，与欧美市场同步将新产品引入亚洲，并引领治疗亚洲高发疾病的新药研发。中国研发中心致力于贯彻分层医学研发策略、建立实验室、开展药物基因组学及生物标记物等领域的研究，完成从实验室研究、临床研究到上市报批的药物研发过程，从而为默克雪兰诺全球药物开发做出重要贡献。

另外，与领先的学术医疗机构及中国本土企业进行广泛合作也是默克在中国的价值链投资的重要体现。2013年11月13日，默克雪兰诺与百济神州生物科技有限公司携手宣布，签署百济BeiGene-290全球合作开发和商业化协议。而此前，两家公司已就百济神州在中国发现并研发的第二代BRAF抑制剂BeiGene-283达成了全球开发和商业化合作协议。该化合物最近已经进入临床I期开发阶段。这一合作不仅造就了跨国药企与中国本土企业在创新药研发领域的成功先例，而且两家公司还于2013年荣获旨在表彰与中资制药企业共同推动未来科学和创新合作的百华协会–爱思唯尔"年度合作奖"。

安高博认为，本土企业不仅具有研发科技上的硬实力，而且兼具熟稔中国政策的软实力。我们的合作能够帮助当地企业克服技术研发中的难关，更重要的是能够帮助中国的优秀原研药走向全球药品市场。公司将与百济神州共同针对两种生物药进行合作开发并分享商业成果，我们也希望通过此次合作缩短这两个药物的上市时间。

在宣布与百济神州二次合作仅两天之后，默克又宣布将在中国南通经济技术开发区投资6.5亿元人民币新建一座制药厂。这将是默克雪兰诺在全球的第二大制药厂。厂区首期占地4万平方米，第二期扩建2万平方米，2014年开建，2017年正式投入生产。

此举被默克雪兰诺总裁兼首席执行官葛丽鹤女士形容为"体现了默克对中国的长期承诺"。她表示："我们是在中国本土设厂生产基本药物目录药品的首批跨国公司之一。为更广泛的民众提供高质量的国产药品，满足中国糖尿病、心血管疾病和甲状腺功能失调等领域日益增长的医疗需求，这完全符合中国政府让百姓更多地获得高质量医药产品的目标，对此我们感到十分自豪。"

安高博特别提到，将在南通建成的制药厂有非常领先的环境和生态保护方案。纵观默克分布于美国波士顿、德国达姆施塔特、日本东京的研发中心，一以贯之的做法是在确保研发生产的同时，处理好环境生态问题，这一直是默克雪兰诺秉承的理念。这也在一定程度上促成了公司与北京大学药学院的长期合作，该合作致力于传播制药企业研发生产中的环境保护意识。

默克融入中国的精彩案例并非仅限于与本土企业开展合作，她与百时美施贵宝联合开展的新型糖尿病药物的推广营销就为人所乐道。通常而言，跨国药企在中国联合开展市场开发一般较难取得好成绩。但根据艾美仕的调查结果显示，两家公司的这次商业合作是一次例外。二者通过良好的机制设定及利益安排，在2013年取得了令人瞩目的业绩的同时，还在合作中实现了彼此充分的获益。

3 着眼长远的人才观

在安高博看来，能够融入默克雪兰诺的人才既要了解中国市场的独特性，也要深谙并认同默克的企业文化。他表示，这一特性决定了我们的团队必须是跨学科的交叉复合型团队，并能够在相互协作的基础上，快速有效地与政府、医院、市场、研发及其他方面进行良好的沟通。

管理则是默克雪兰诺的另一项武器，安高博表示，默克雪兰诺能够取得今天的成绩是基于团队间的相互尊重。只有这样，在想法的诞生、设计、执行和传播开发的过程中，才能够彼此高效地沟通。管理者在做出决策前，需要仔细地聆听不同部门的意见，而这样的意见采纳体系就是建立在团队间的相互尊重的基础上的。

安高博强调，对于大型跨国企业而言，拴住员工的永远不是工资，而是福利和企业文化。默克的企业文化可以归结为"默克——创新引领生活"，这是公司上下一直以来坚持的出发点与落脚点。

员工本身也是默克雪兰诺品牌识别的核心。他们的形象和故事常常既是个人的又是专业的，他们共同塑造了令人印象深刻的整体形象，使默克雪兰诺"创新引领生活"的承诺更为生动。

只有获得员工的认同，才能爆发出团队的凝聚力与执行力，才会使得每个项目都能高效推进。默克雪兰诺提倡为员工提供能够充分自由发展的大平台，使得员工有更多的通道可以奋勇向前。而且，公司有大量的部门负责人会给予员工充分的建议和指导，让员工得到充分的培训，使天赋可以发挥。

此外，安高博坦言，人才的本地化也是默克雪兰诺融入中国的应有之义。"我们要把中国看作是人才的来源，一个科技专长的来源，要把这些资源注入全球业务当中，来加强全球业务的研发。"

为了能够在中国生根发芽，默克雪兰诺强化了本地团队建设。安高博认为本地团队更熟悉产品，这些团队也要了解公司对他们的期望，了解应该怎样向市场来呈现产品。在此基础上，"我们的投资、投入一定要达到一定的量级，才能有效地发挥效用，所以我们在中国投资进行生产制造和研发，建立我们的合作伙伴关系。"

4　成为优秀企业公民

除了自身的发展之外，默克雪兰诺也在履行企业的社会责任。默克雪兰诺作为联合国全球契约组织的成员，在开展商业活动的过程中，也一直在全球积极地履行企业责任，主要体现在患者责任、产品责任、环境责任、员工责任、社区责任等几方面。

2013年中国多个城市出现了甲状腺药品供货紧张的情况，面对这样的状况，默克雪兰诺及时采取了应对措施。整个公司从上到下，不论总部还是本地最基层的员工，都在为寻求一个短期的解决方案和长期的有效解决方案，为缓解市场供货紧缺的问题努力。

　　"首先，我们做了一个很紧急的决定，立即加大对中国市场药品的供应，集团高层做了一个决定，用尽一切手段，用海空的运输方式，把尽量多的药带到中国来。"安高博说。当时默克雪兰诺还调整了生产计划，把资源调动到生产甲状腺药上，计划在之后的6~9个月里大幅度提高产量，来满足中国的需要。"我们认识到这种药物对中国患者的重要性，深感责任重大，因此非常明确地向卫计委通报了为解决这一问题拟采取的短期和长期的措施。"

　　如何将正确的产品信息准确有效地传递给医生和患者，也是默克雪兰诺在积极探索的方向。安高博认为通过与丁香园的合作，可以借助丁香园成熟的数字化传播渠道，更高效地了解医生的需求，与之进行针对性的交流，满足制药企业通过灵活利用社交网站、社会化媒体及相关资讯平台，使得医院和医疗健康机构获得最精准的药品最新信息的需求。安高博同时表示，借助丁香园的平台进行学术推广非常值得鼓励和探索，相信双方还有进一步合作共赢的机会。

设计：付珍珍

责任编辑：宋晓萍

首发于：2014年7月

礼来制药持续发展的灵魂和核心是
始终坚持以研发主导 不断创新

❝ 礼来制药的使命是让全世界人民生活得更美好！礼来始终认为持续创新是不断提高疗效的最好办法。**❞**

诞生于1876年5月10日的美国礼来制药迄今已有140余年的历史，而礼来与中国结缘可以追溯到20世纪初叶。1918年，礼来来到中国，并将其第一个海外代表处设在上海，从而迈出了全球化的第一步。几经风雨历练，礼来于1993年重返中国。20多年来，礼来本着"植根中国，造福中国"的理念，着力拓展在华业务，目前已经形成从研发、生产到商业运营的全产业链格局。如今，在英国人贺安德治下的礼来(中国)已成长为礼来全球第二大分支机构，礼来制药能在中国持续发展的关键性策略与一直坚持的宗旨到底是什么？

礼来制药的中国跨越

1 创新赢得未来

对于每一个以原研药为主打产品的的制药企业而言，创新的理念几乎已经凝结到基因的深处。在丁香园对贺安德进行独家专访期间，"创新"二字更是频频出现的关键词。在他看来，以研发主导的创新可以说是礼来制药持续发展的灵魂和核心。在许多关键的治疗领域，礼来正在不断地开发出众多突破性的创新药物产品。

在糖尿病仍是致命性疾病的20世纪20年代，礼来与多伦多大学的班廷和贝斯特合作，提取并纯化胰岛素用于糖尿病治疗。1923年，礼来推出了世界上第一个动物胰岛素——因苏林，并进行大规模生产。1943年，礼来率先启动了人类历史上第一种抗生素——青霉素，并进行大规模生产。1986年开发上市的抑郁症治疗药物百优解，被誉为"世纪之药"。而今，在中国市场上，礼来旗下的希刻劳、稳可信、百优解、再普乐、欣百达、择思达、健择、力比泰、易维特、复泰奥、希爱力等一连串烫金的名字无不标志着礼来强大的产品线和研发线。

贺安德告诉丁香园，礼来制药的使命是让全世界人民生活得更美好！礼来始终认为持续创新是不断提高疗效的最好办法。一直以来，礼来对研发的投入占到全球销售收入的20%以上，这一比例远远高于行业15%的平均水平。

礼来的核心研究领域是糖尿病、肿瘤、抗感染及中枢神经疾病。长期的研发投入以及持续创新的研发模式使礼来制药在上述领域始终保持了旺盛的创新能力。贺安德介绍，在糖尿病领域，礼来希望旗下产品能够尽可能地满足患者的需求。在口服降糖药、GLP-1产品(即胰高血糖素样肽-1)、基础胰岛素以及胰岛素类似物等多个细分市场，都有礼来的产品覆盖。在抗肿瘤药物领域，礼来正进行着一项雄心勃勃的计划以进一步扩充抗肿瘤药物的组合。一些颇具潜力的在研药物已进入了临床研究的末期阶段。

目前，礼来制药在研的化合物达到创纪录的60余个，其中处于Ⅲ期临床试验阶段的药物数量2014年将增加至十余个。礼来的目标是，在未来的5年内，计划推出15款新产品或适应证。

2 以创新直面挑战

不过，坚持创新也要付出很高的代价。现有模式下，一款药物从发现、研发再到获批上市，不仅淘汰率高得吓人，而且成本也越来越高，动辄需要数十亿美元。此外，专利药到期时销售额的跳崖式下滑也非常明显。这对跨国制药巨头们来说，都是相当头疼的问题。礼来的解决之道是不断寻求创新的研发模式，以提高研发效率、降低成本，进而保证不断有新的药物贡献市场。从自主研发的FIPCo模式向合作研发的FIPNet模式的转变就是礼来的创新之举。

贺安德向丁香园介绍说，借助于这一模式，礼来与大量外部伙伴进行了不同层次的合作，使资源得到最广泛的利用，这大大增强了礼来和合作伙伴的生产效率，加速了药品开发和上市的速度。

FIPCo是英文Fully Integrated Pharmaceutical Company的缩写。在FIPCo模式下，礼来公司拥有从化合物筛选到最后上市的整个价值链。而在FIPNet(Fully Integrated Pharmaceutical Network)模式下，礼来与大量外部伙伴进行不同层次的合作，使资源得到最广泛的利用，大大增强了礼来和合作伙伴的生产效率，加速了药品开发和上市的过程。FIPNet模式在研发领域大致包括三种方式：

第一种方式是传统的研发外包方式。目前礼来与无锡药明康德等公司的合作大体属于这种形式。未来将继续与现有伙伴或新的合作伙伴开展大量此类合作。

第二种方式是更深层次的合作，不仅能更好地利用双方的研发能力，也能更好地利用双方的财务资源。2007年礼来与和黄医药建立起了战略合作关系。和黄医药与礼来将共同开发癌症及炎症性疾病中的多个靶点。礼来将向和黄医药支付签约金、每年的研发经费以及每个项目最高2 900万美元的"里程金"。和黄医药还将获得合作产生的全球销售收入的提成，规模创目前中国之最。这是国外制药巨头第一次将其新药研发项目移入中国制药研发公司。对于中国制药研发公司来说，这开创了一种新的药物研发合作模式。

第三种方式是礼来风险投资基金和成立于2007年的礼来亚洲风险投资基金投资有潜力的公司。礼来风险投资基金主要致力于投资技术前景可观但急需成熟投资商资助和支持的成长型企业。随着亚洲地区特别是中国经济的发展，越来越多的具有投资前景的中小型制药企业急需资金支持，这也是全球制药企业首次以风险投资的形式投资中国。

除了研发模式的调整之外，礼来在过去几年加大了对仿制药领域的投资。2014年3月5日，礼来制药与南通联亚药业合作，投资6 000万美元在南通新建生产基地，双方将通过改、扩建生产设施，扩大在南通的药品生产、制备产能。这是2012年以来，礼来与南通联亚药业的进一步合作。

礼来通过品牌仿制药的推出，加强了在一些优势治疗领域市场的占有率和市场地位。品牌仿制药进一步补充了礼来的在研药物或已有药物，使礼来在治疗领域做到了"强者更强"，比如肿瘤和糖尿病领域。贺安德指出，品牌仿制药对中国市场非常重要。他说："在中国仍有很多人无法担负起价格高昂的创新药，礼来希望能进一步满足更多患者的需求，这也进一步证明了礼来对中国市场的承诺。"

基于这两个原因，礼来在中国市场非常关注品牌仿制药的发展。不过，贺安德特别提到，尽管在中国要做品牌的仿制药，但是这丝毫不会影响礼来的商业模式，即以新药研发为基础。预计即使到了2020年在中国的品牌仿制药的销售也只能占到销售额的10%或者更少，也就是说品牌仿制药对礼来的创新药只是起到补充的作用。

当然，礼来所倡导的创新并不局限在药品的研发领域，还体现在为患者创造更优质的生活过程中。礼来要创造出更为优质的药品，同时，也要让医生能够更为全面地了解与药品相关的产品知识和先进治疗方法。在这一方面，礼来已在过去的几年中全面发力，通过构建丰富的数字化平台和通道，帮助医生更为便捷和及时地获取有价值的专业学术内容，为中国患者带来福音。

在谈到这一话题时，贺安德也高度称赞了丁香园在过去14年中为中国医生所做的贡献。无论是礼来，还是丁香园，双方都希望能够通过自身的努力，为中国医疗健康事业做出贡献。也正是基于双方这一共同的愿景，接下来，礼来和丁香园将会共同合作，探索更多的创新数字化学术互动模式，进一步服务好中国广大的医生群体。

3 履行对中国的承诺

礼来与中国牵手已近百年，期间尽管历经风风雨雨，但礼来对中国的承诺却越来越清晰。贺安德告诉丁香园，中国拥有庞大的患者人群，这是任何胸怀长远打算的药企都不容忽视的市场，礼来同样如此。事实上，礼来针对中国的计划是长远的，公司将进一步把中国市场放在自己长远的战略布局之中来考虑，加大对中国市场的投入，力争成为中国医疗保健领域的长期战略合作伙伴。

在医药领域，中国已经超过日本成为全球第二大医药市场。在接下来的10~15年中，中国的中产阶层的数量会有大幅度的增长。随着越来越多的人进入城市，以及中产阶层的壮大，人们对于医疗保健的需求，以及这方面的期望值都会不断上升。

这也是礼来逐步加大对于中国市场的投资的原因。贺安德认为，中国对于全球医药巨头而言都是重要的市场，而且中国还存在众多尚未满足的医疗需求。包括礼来在内的国际制药巨头都意识到了这个机遇，希望能抓住这个黄金机会。从2008年开始，礼来在中国的销售力度翻了三倍，同时在研发和制造产能方面的投资也在不断地增加。2012年，礼来又在上海建立了中国研发中心，其在中国的制造产能还在不断地增长。

1998年，礼来在苏州开办了第一个工厂，这是礼来在中国的第一个制造工厂。在2009年的时候，开始建设第二个工厂，就是今天的湖东工厂。最新的投资是这一次的三期工厂，主要进行胰岛素的生产，此外还负责进行灌装和包装。此次投资总额达到20亿元人民币，是礼来迄今在苏州最大的手笔。

中国是世界最大的新兴药物市场，而礼来则是赫赫有名的制药巨头。二者携手在助力彼此飞速发展的同时，当然也会有一些磨合的问题。

贺安德在肯定中国医药监管专业度的同时，还向丁香园坦承，新药注册申请、知识产权保护、医保目录更新和医药反腐等方面的问题也成为企业不得不面临的问题。

贺安德指出，相对于发达国家，中国药监机构审批新药花费的时间和速度稍显迟缓，这意味着中国患者使用新药的时间会晚很多。此外，中国医保报销目录更新较慢也是问题之一。

对此，贺安德指出可以从以下几方面改善，以便中国患者更快使用最新药品：首先，加快新药审批的过程，包括新药临床试验审批等。第二，目前中国药品报销目录更新频率是四年左右一次，贺安德称，礼来期望的状态是：药物一旦在中国获得审批，希望与其他国家一样，在几个月的时间内就可以进入国家医保目录。

贺安德认为，中国医疗改革在过去几年已有了长足的进步，特别是在农村和城市医保方面，覆盖率已经超过95%。他说："这是非常了不起的成就，如果中国在药物监管环境，包括新药报销方面进一步改善的话，那么不仅能造福中国患者，也能推动药企的发展；礼来在中国投资的强度和速度，取决于未来中国制药行业发展的环境，如果持续鼓励创新，未来礼来仍可能在中国大举投资。"

4　礼来人才观

礼来的全球员工有38 000名，其中约有7 900名员工从事药品研发工作。在中国，礼来在全国数十个城市建立了办事机构，拥有员工四千余人，业务已经深入到中国近400个城市。

因为在全球多个地区都有过工作经历，感受过不同国家的企业理念和文化，贺安德在中国履新之后，很快观察到中国员工的工作纪律性强，经常自主加班。贺安德调侃道，中国人是除了日本人之外工作时间最长的。他说："这或许源自于中国的教育体系使得中国人才竞争非常激烈，我们的员工都接受过非常好的学术方面的教育，更加聪明和有韧性，善于解决和平衡压力。"除此之外，中国员工的思维非常开放，乐于接受创新想法，也会鼓励或者接受用不同方法完成工作。同时他也认为，礼来中国团队"非常杰出、聪明、有天分"。

这些优秀的人能聚拢在一起，推动礼来及中国医药产业的进步，或许与礼来一直以来的人才观有着莫大的关系。贺安德介绍说，在礼来的公司文化中，人才是公司最具价值的财富。礼来人不但在公司各职能部门发挥着至关重要的作用，而且还是推动公司前进的动力。

对于新进员工，礼来拥有非常完善的培训系统。不但在入职初期有着整套的入职培训，而且在以后也陆续会有后续培训课程。礼来还要求管理者对新员工进行随访，了解他们的工作状况。更加重要的是，礼来正与中国共同快速成长。这意味着所有的员工都在迎接新的挑战，拥有更多的学习机会，同时还将迎来广阔的上升空间。

设计：付珍珍

责任编辑：王云

首发于：2014年9月

安进公司在全球范围内始终贯彻的理念
大力支持生物科技领域的研发

"我们的用心其实很简单，就是把最好的药物带进中国，为中国患者服务。"

　　作为全球最大的独立生物制药公司，只有30多年历史的安进一直被视为医药领域颇具传奇色彩的一家企业。两年前，安进来到中国，在上海拥有了第一间办公室。虽然与其他跨国制药巨头相比，安进"迟到"中国很多年，但在安进公司全球副总裁兼中国区总经理李怡平看来，其实现在正是安进进军中国的最佳时机。

进军中国适逢其时

1 进军中国恰逢其时

　　在加入安进之前，李怡平曾任凯鹏华盈创业投资基金(KPCB)合伙人，专注于生命科学领域的投资。在此次与丁香园的高端对话中，话题正是从他由投资界回归至医药界说起。提到这次跨越，李怡平告诉丁香园，在他的职业生涯早期，曾有哈佛大学博士后与默克实验室两个选择。他最终选择后者的重要原因是默克被当时科学界普遍认为是行走在制药业最尖端的公司。

　　李怡平坦承："安进的创新精神和在生物制药界的地位与当时的默克非常相像，它始终引领着生物创新和生物制造的大潮。安进的发展历程就是一个将生物分子学概念变成产品的历程。时至今日，安进已成长为全球前十的生物医药公司，但又是唯一一家没有进驻中国的公司，能够扮演安进中国创始人的角色非常有诱惑力。另外，尽快将安进的先进药物带到中国，帮助中国医生造福中国患者，同时还能按照自己的理念打造一家卓尔不群的公司，这样的挑战与光荣也深深吸引了我。"

很多业界观察家认为，安进2012年方才进驻中国。相比其他国际制药巨头，安进布局似乎过于迟缓。不过，李怡平并不认同这一观点。相反，他认为，现在布局中国市场恰逢其时。

2012年，整个中国医药市场规模达到人民币6 000亿元，过去五年增速平均在20%以上。相较于成熟市场每年3%的增长率来说，中国作为医药新兴市场的领头羊，目前仍处于高速发展阶段，是全球唯一规模巨大并且快速增长的市场。

业界普遍认为中国已经或很快将超过日本成为世界第二大医药市场。同时，在中国，研发创新药物的大环境也在不断改善。中国政府已经把生物科技产业列为"十二五"规划中七个国家战略性新兴产业之一，这为生物科技产业未来的发展奠定了坚实的政策基础。

目前，中国越来越重视一流的研发和创新能力在生物科技产业发展中起到的作用。根据"十二五"规划，政府将在2015年之前投入32亿美元，培养30万名科研工作者，参与重大疾病药物的研发。这些政策无疑会促进创新药物的研发和生物医药产业的发展。此外，国内巨大的人才库，包括本土培养的和海外留学归来的人才，为这些发展提供了智力基础，也是吸引跨国医药公司在中国开展研发的重要原因。

李怡平说："时下中国的整个形势以及经济环境，包括中国生物医药政策都表明，现在是生物制药公司大力发展的时机。我们虽然晚来，但并不迟到，可以说我们抓住了这个机会。"

2　本土合作带动业务布局

李怡平向丁香园介绍说，安进在中国有一个齐头并进的5大方面的战略。一是完成产品的注册和市场准入，使得在未来两年，公司旗下更多的药物可以进入到中国市场；二是在中国建立研发能力，根据中国市场的医疗需求做针对性研发；三是在中国部署生物仿制药战略；四是适当时机在中国形成大分子药生产制造的能力，实现大分子产品在多个地点的生产；五是通过自建、合资、并购、合作以尽快完善在华商业运营能力，逐步建成独立的商业运营体系。

2013年5月，安进公司与浙江贝达药业签署协议，双方宣布成立合资公司。据悉，这家合资公司的正式名称为贝达安进制药有限公司，其总部设在杭州，负责安进公司抗癌药物帕妥木单抗在中国的注册上市和市场推广等各项业务。贝达药业和安进公司将携手合作，在通过相关审批后，及时高效地把帕妥木单抗引入中国，让中国患者受益。帕妥木单抗目前已在全球40多个国家获得批准用于晚期结肠癌的治疗，在中国正处在后期临床研究阶段。贝达药业将拥有该合资公司51%的权益，安进公司通过其子公司——安进大中华区有限公司拥有该合资公司49%的权益。

　　李怡平向丁香园介绍，安进在创立初期，并无任何产品傍身，有长达9年的时间专心科研，因此被业界一致认为是一个研发驱动型的医药公司。研发部门的重要性相较其他制药巨头更为突出。安进来到中国后，一改友商率先布局销售，待到在华市场份额达到一定程度后再引入研发部门的路径，把研发中心的建设作为首要任务之一。

　　与浙江贝达的合作类似，在中国建立研发中心上，安进也选了一个合作伙伴。2013年9月，安进宣布与上海科技大学合作设立中国研发中心，这不但是跨国药企在中国首次与大学合作建立类似机构，同时也是安进在亚洲第一个进行基础研究的研发中心，是除美国本土外唯一一个具有综合研发功能的研发中心。安进中国研发中心目前已经进入全面运作阶段。中心的专业科研人才，多数来自中国本土。研发中心将会注重对中国患者有效和有针对性的新药研发。据悉，中心现已启动在中国进行胃癌治疗方面的研发工作。

　　在新药研发方面，安进的视角还延伸到了更加上游的基础研究领域。2013年8月，美国安进公司宣布成立安进中国博士后奖学金项目。这一项目将资助具有博士水平的中国年轻学者继续深造，以促进生物医药研究的发展。安进公司还向清华大学、北京大学、北京生命科学研究所、上海交通大学和上海科技大学提供了10个博士后奖学金名额。该项目将资助来自这五所顶尖高校的奖学金获得者开展为期两年的学术研究。奖学金获得者的甄选标准是他们各自科研项目的原创性和学术性。

　　2013年资助的项目，旨在探索某些疾病的生物学基础，其中包括对中国某些高发病率疾病的机理研究。李怡平强调："安进公司在全球范围内大力支持生物科技领域的研发，在安进公司经营的每一个市场，我们都始终贯彻这一理念，并且坚信研发能够推动中国的生物科技产业不断向前发展。"

　　在注重创新药的同时，安进公司也会考虑引进生物仿制药。"生物仿制药对生产技术的要求很高，安进公司拥有国际上最好的生物制药技术，希望未来能够在中国引进高质量生物仿制药，以满足广大的中国患者不同层次的需求，而提供多方位的产品和服务。""其实可以说引进生物仿制药是我们很重要的战略之一，"李怡平说，"对于引进生物仿制药的策略，安进公司同样面临挑战——至今中国仍然没有生物仿制药的明确定义、标准和法规，因此，安进公司已经做好准备，尽力配合中国药监部门，希望尽快推进生物仿制药的相关政策法规的出台。"

　　在此次采访中，李怡平多次强调，深入了解中国患者与医生的需求是实现安进的中国愿景的关键前提。他表示，互联网的影响力无远弗届，许多行业已为之深刻影响，医药行业亦不例外。这为把握患者治疗及医生诊疗的需求带来了严峻的挑战，当然，也有无限的机会在等待着安进。未来，安进希望能借助丁香园的数字化平台深入了解中国医生的学术需求，为中国医生在临床诊治和科研方面提供更多的支持，同时能助力安进更高效地执行中国市场的战略计划。

3　以创业精神锻造品牌形象

自安进创立以来，公司的传奇色彩一直为业界所称道。在短短三十几年的发展历史中，安进执着于药品创新，倾力打造研发团队，9年才上市第一个产品，之后又连续推出了自己研发的重磅炸弹级药品，当下的业绩毫不逊于那些具有百年历史的老牌制药公司。后来，人们将在高新科技企业发展过程中，重视研发能力的积累，由研发主导市场的企业发展模式称为"安进模式"。

对于安进中国，李怡平期待能够与全体员工一道，以创业精神为指引，在中国锻造出"创新"和"科学"的安进中国的品牌形象。

回顾安进中国的起步历程，李怡平表示，前20位公司员工，不论是秘书，还是总监，他都亲自进行了面试。他说："由于我做过5年的投资人，见过很多的创业型企业。对于识人用人也有一定的心得。对于尚处创业阶段的安进中国，首先，我要强调什么样的人适合加入安进。在我看来，安进员工要肩负创业精神，拥有'使命必达'的决心，并且具备在资源很少的情况下解决问题的能力。"

"下一步，就是找正确的人来加入我们。作为一个在中国的初创企业，我希望每个安进中国的员工都能扮演'多面手'的角色。就拿我们的市场总监为例，她的工作内容不仅仅专注于市场战略和实施，同时也会关注和推动产品的注册、临床及医学等多个方面。这是其他公司不可能有的全面锻炼机会。在安进中国，每个人都会拥有很多机会，能够参与到完全不同的领域中去。"

"最后，还要考虑如何留住人才。我认为在每位员工心中树立一个伟大的目标，并使之成为所有人的信念非常重要。尽管股份和期权的授予是一个很必要的激励措施，但一起做一件有意义的事，一起开创新局面是不是更令人心动呢？除此之外，我还希望安进中国的团队要紧密联系中国的实际，即更加'接地气'。我认为，现在安进中国已经拥有了一个很好的开始，期待能有一个更好的灿烂未来。"

"总而言之，面对接踵而至的挑战和机遇，安进中国一要保持自己的核心价值，二要保持创业者的精神。我们的心思其实很简单，就是把最好的药物带进中国，为中国患者服务。"

设计：付珍珍

责任编辑：王云

首发于：2014年10月

优时比(UCB)公司是一家全球性的生物医药公司，专注于开发治疗免疫系统和中枢神经系统重症疾病的药物和疗法。优时比1928年创建于比利时布鲁塞尔，于1996年在上海设立了在华第一个办事处。如今，优时比在中国共拥有近千名员工，为中国数百万重症疾病患者提供帮助。不久前，丁香园对优时比中国总经理薇若妮卡·途丽(Veronique Toully)女士进行了专访。在这篇专访中，您将了解到优时比是如何秉承"病患为本，科学为证"理念开展业务，并以改善重症患者的生活为己任的。

病患为本，科学为证

1 明确定位，专注愿景

在诸多在华经营业务的跨国药企中，有很多产品覆盖面相当广的制药巨头。相对而言，优时比体量中型，覆盖病患范围更专注。途丽女士向丁香园介绍说，优时比的产品目前覆盖癫痫、心血管和缺铁性贫血，过敏和呼吸系统及镇痛，未来还希望能够帮助到帕金森氏病、类风湿性关节炎、狼疮及其他自身免疫系统性疾病领域的患者。

像优时比这样长期专注于慢性疾病的企业相当少见。事实上，仅在中国，就有900万癫痫患者，而他们中的绝大部分人都难以得到适当的治疗。在世界范围内，类似情况也不胜枚举。这样的反差与需求，形成了客观的市场，同时也促成了优时比始于10年前的企业定位：专注于慢性重症疾病。

途丽女士告诉丁香园，10年前，优时比改变了公司的前行策略，确定了公司专注于中枢神经和免疫系统紊乱疾病。如能从这两大领域切入，不仅可以缓解患者之苦痛，同时还能成为公司更上层楼的巨大驱动力。为了践行这一策略，优时比在2004年完成了对英国生物制药企业Cell Tech公司的收购。2006年又完成了对德国许瓦兹制药集团的全球并购。至此，优时比制药公司成功地实现了全球领先的生物制药公司的战略定位。

在中国，从20世纪90年代销售仙特明开始，优时比就陆续将旗下产品引入中国，造福百万患者。截至目前，在华上市的优时比产品涵盖了中枢神经、心血管、贫血、过敏和呼吸系统及镇痛五大领域，共10款产品。优时比目前已在中国26个省200余城市开展业务。

除此之外，优时比还在2014年与百健艾迪签署了一项独家战略合作协议，授权优时比在中国以及韩国、泰国、新加坡、马来西亚、中国香港和中国台湾市场推广百健艾迪公司的药物。根据协议条款，百健艾迪将向优时比公司提供其多发性硬化症药物，以及长效基因重组的治疗血友病产品。

在途丽女士看来，这一合作不仅有助优时比为重症疾病患者提供创新的专业治疗方案，而且将进一步巩固公司在神经学和免疫学生物制剂领域的领导和专业地位。优时比计划陆续将这些药物投入市场，具体上市时间需根据监管部门的批准进程而调整。

2　病患为本，体察需求

"病患为本"是优时比公司理念的重要组成部分。途丽女士强调说："'病患为本'指倾听患者的心声，理解他们的需求，与他们一同解决问题并创造价值。优时比所专注的慢性病不但折磨着患者，也困扰着医生。由于医疗水平的局限，临床治愈这类疾病仍是有待攀登的高峰。不过，即使不能完全治愈，也能为他们创造价值。只要优时比的产品能够缓解患者的症状，宽慰他们的心灵，在这一过程中，我们就创造了价值。"

在采访中，途丽女士特意就此话题，向丁香园讲了一个真实发生的动人故事。这个故事与优时比开发的一个生物科技产品有关。该药物在欧美主要市场用于中度至重度类风湿关节炎，目前尚未在中国上市。

在使用这款产品的过程中，优时比的研发人员发现，疾病导致患者的手部关节变形，难以自行注射药物。有鉴于此，优时比与患者一起，同设计公司合作，设计了一款患者更易操作的注射器。这款产品设计精巧，这是一个聆听患者的需求，为其提供解决方案的绝佳例子。

此外，优时比一贯支持各类患者教育的公益活动。近年来，优时比与中国抗癫痫协会(CAAE)合作，分别在北京、上海、西安、广州和大连设立癫痫病患者中心。通过优时比总部企业社会责任(CSR)部门，与世界健康基金会合作开展旨在为癫痫儿童及其家庭提供支持，提高小儿神经科医生的癫痫诊疗能力，加深公众对癫痫的认识，消除歧视的"彩虹桥"项目。因其杰出CSR贡献，优时比荣膺Corporate Knights杂志评选出的2013年"全球最可持续发展的100家企业"称号，并获得了"2014荷比卢商会最佳可持续发展企业"奖项。

3　科学为证，帮助医生

如果说"病患为本"是优时比经营理念的重要体现，那么"科学为证"则是隐身其后的坚实基础。途丽女士告诉丁香园："所有满足患者需求的解决方案必须建立在科学的基础之上，因为优时比是一家专注科学研究的企业，对科技充满热情。我们每年把营收的25%投入研发，这在医药行业中是很高的比例。"

途丽女士表示，医药领域并不是一定规模越大就有更强大的研发潜力。优时比想要取得更多的研发成果，就要发展强大的全球网络，与卓越的公司、科学家和学术机构合作。这也是为什么优时比能够持续以丰富而创新的后续产品满足患者需求的原因。因为科学现在越来越广泛、越来越复杂，没有哪一个企业可以完全覆盖方方面面，所以优时比需要更多的合作，合作正是优时比发展的一个关键，也是优时比在中国所寻求的未来发展方向。

途丽女士对创新也有自己独到的看法。她认为，创新只有真正造福患者才是真正的创新。这其中，如何让医生知晓创新之处，改变他们的临床实践，是将创新的益处落实到患者的重要一环。

其中，对于如何能协助医生更好地了解患者、治疗疾病，近年来，优时比进行了大量的有益探索。2014年，优时比与中国抗癫痫协会(CAAE)联合推动了一个创新的项目——"蒲公英"。这是一项医学培训计划，由癫痫领域高级专家指导其他医生，期间他们进行面对面的培训，培训结束之后，医生们可通过电话或网络途径保持联系。仅在去年，就完成了五次面对面培训，共计两百余名医生得到了实打实的培养与锻炼。

对于边远地区的医生培训，优时比也着力颇多。途丽女士举例说，优时比全球企业社会责任部门在与中国红十字会事业发展部长期合作，对偏远地区的医生进行全科培训。目前，已经培训了新疆、西藏、贵州和海南的乡村医生，经过这样的培训，边远地区的医生将为当地患者提供更高质量的医疗服务。

途丽女士特别指出，除了线下的培训，对于网络平台，优时比也愈加重视。网络使得世界愈加趋平。只需要一根网线，就能填平信息的鸿沟。这为优时比与医生二者间的沟通交流提供了莫大的方便，同时也为公司了解医生的需求，制定有的放矢的培训方案，营造了便捷的管道。

就在不久前，优时比已经与丁香园在癫痫治疗领域的学术交流开展过合作，并且获得了很多数字化学术互动方面的经验。在未来，优时比希望能借助丁香园的数字化平台，更多地了解中国医生在临床上遇到的问题，为他们的临床及科研工作提供更多的支持。

4　团队多元，透明自治

回首优时比在中国的20年发展之路，一个小小的驻上海办事处已华丽转身为亚太地区总部。这离不开中国团队筚路蓝缕的贡献，途丽女士对此也别有一番体会，在她看来，作为一家人员背景多元的国际化公司，明确服务患者是优时比的首要目标，提倡透明度与自治是助力优时比团队建设的三座引擎。

途丽女士告诉丁香园："优时比对于各个国家的人才非常开放，这增加了我们的多样性。全球执行委员会里的成员分别来自于至少5个国家。我本人是学理科的，在英国和比利时工作过，又去了澳大利亚，现在来到中国。对于团队的管理，我认为只要大家明确目标，赋予员工更多'自治'的空间或许是一条可行之道。我们看到员工有才能，便会鼓励他们朝着他们喜欢的方向尽量走下去——只要这个方向能为患者创造价值，没有违背优时比的愿景和价值观。如果你有一个想法，它有益于患者，我们就去尝试它。这也符合优时比发现探索新想法的价值观。"

对于透明度，途丽女士深有感触地说："我是法国人，但是我在不同的国家工作过。当然，中国在这些国家中是最不同的一个。中国的历史太丰富了，即使我在中国生活20年，我可能永远也无法完全理解。但是我的中国同事们做事非常透明，他们会分享一些我没有意识到的问题。我对他们也很透明。我相信透明的合作，也就是信任，是解决这些'隐形挑战'的方法。我们非常相信彼此，我们把所有的事情都公开讨论解决。"

"我对中国尤为欣赏的一点是，这里的人们都非常地雄心勃勃，他们希望成长，希望学习，希望与众不同，希望做更好的工作。员工们拥有表现的热情，希望向前进，希望得到成功，这些都非常棒。优时比也会给充满雄心壮志，要为改善中国患者生活为己任的员工以发展的空间。我们都相信人都是充满智慧的。如果给他们留有空间，他们会创造出更多的价值。所以，你加入优时比，你一定能够成为更好的自己。"

设计：付珍珍
责任编辑：黄杰
首发于：2015年1月

在实践hhc的道路上，卫材人从未停止脚步
关心人类健康，履行社会责任

❝ 我们不断努力，以生产并提供给患者和客户能够信赖的高品质药品。❞

　　卫材集团于20世纪70年代开始与中国医疗界积极开展交流活动，自90年代初进入中国市场以来顺利发展至今。40多年来，一代一代卫材人的踏实创业，一步一步铸造了卫材中国的企业灵魂。用卫材(中国)药业有限公司总经理冯艳辉的话说，是"关心人类健康"六个字铺就了卫材中国之路，同时也成就了公司今天的耀眼成绩。

"关心人类健康" 铺就卫材中国之路

1　踏实创业铸造卫材中国企业灵魂

　　世界医药市场已经处于全球化时代。发达国家医药市场趋于成熟，而新兴发展中国家市场正处于孕育和迅速壮大阶段。中国是最大的发展中国家，随着改革开放领域的逐步深入和国力的不断增强，特别是近几年来政府逐步加大医疗体系改革的力度以及大幅度增加资金投入、开放市场，人民对于医药健康方面的关注度和购买力也在不断攀升和提高。

　　目前，中国医药市场在全球医药市场排名中仅次于美国，是全球第二大医药市场。据统计，在华外资药企已有300家，外资药品制造商近400家，几乎所有全球知名药企均在中国设立公司，可谓发展迅速。无可厚非，庞大的中国医药市场是吸引他们的绝对因素，但细观每一家在华发展的跨国制药企业，他们都拥有着各自独特的企业理念，指导着企业的成长和发展。总有这样一群人，他们秉承着一种使命感和责任心，正在一步步实现着企业的梦想，实践着一种"为人类健康事业而奋斗"的精神。走进卫材，访问冯艳辉总经理，更让我感触到"hhc"的魅力和力量。

卫材集团于20世纪70年代开始与中国医疗界积极开展交流活动，1991年在中国投资设立代表处，并在沈阳成立了合资企业——沈阳卫材制药有限公司，开始在心内科领域开展销售和市场推广活动。为更好地满足患者需求，1996年，卫材株式会社在苏州投资建立了医药制造工厂，即卫材(苏州)制药有限公司。2002年，公司由卫材(苏州)制药有限公司更名为现在的卫材(中国)药业有限公司，并在苏州工厂追加投资以扩大生产规模。现在，卫材(中国)药业有限公司以神经领域、消化肝病领域、内分泌骨科领域、肿瘤领域为重点领域，七大品种实现了本地化生产，另有五大品种进行分包装生产。

40多年来，一代一代卫材人的踏实创业，一步一步铸造了卫材中国的企业灵魂。用冯艳辉的话说，是"关心人类健康"六个字铺就了卫材中国之路，同时也成就了公司今天的耀眼成绩。在采访过程中，我们更加惊奇地发现，每一位卫材员工都怀着一份坚定的信念——"将患者及其家属的利益放在首位，为提升其福祉做贡献"，这被称为"hhc"理念，全意为"human health care"。据了解，该"hhc"理念已载入了公司章程，同时将Compliance(遵守法规与伦理)作为日常业务活动中最基本的行为准则，致力于社会责任的圆满达成。

2　"hhc"引领新药创新

卫材集团创立伊始，就立下了"关心人类健康"的宏伟目标，在冯艳辉看来，卫材中国一路走来，每一个脚印既饱含了创业的艰辛，也闪耀着创新的火花，其中创新种子正是来自卫材一直以来秉承的理念："关心人类健康"。

"hhc"最早于1989年被提出，当时卫材集团在全球所有员工间发起了致力于创新的宣言，口号是："世界正在发生变化，让我们与它一起改变"。在这一理念的影响下，卫材的每一位员工都致力于将患者、患者家属及广大公众的利益放在首位，并且站在他们的立场考虑工作中的问题。冯艳辉告诉丁香园，聆听患者及家属的声音继而开展产品创新是体现这一理念的重要方式。例如，有患者反映药片太大、难以吞咽，卫材的研发人员会重新设计药片大小和增加新剂型，以便吞咽，缓解吃药过程中的痛苦；又如，对于一些糖衣片产品，很多糖尿病患者担心会造成血糖升高等问题，卫材便开发出薄膜衣片等等。这些需求都是在卫材人和病患沟通的过程中挖掘出的各种改进。事实上，这类基于"关心人类健康"的创新思维已经深深嵌入卫材的DNA当中。再比如，一款治疗药物除了具有片剂、细颗粒剂和口腔崩解片等多种剂型外，卫材的研发人员根据老年患者的人群和疾病特点等因素创新性地进一步设计出果冻剂以满足病患需求。冯艳辉介绍："之所以进行这样的改进，是因为药物上市后研究发现很多老年患者连喝水都很困难，更不用说吞服传统形式的药片，而果冻剂很好地解决了这个问题。"

　　作为一家立足于科研的医药公司，卫材十分重视产品研发工作。以筑波研究所为协调中心，大约有1 300名研究者在全球昼夜不停地工作，开发下一代有创造性的新药，解决棘手的医学问题。目前卫材正致力于神经病学、胃肠病学以及肿瘤学专业领域的研究，开发安全有效的医药品。卫材中国也正在积极致力于从全球向中国引进更多新药，满足中国疾病治疗的需求，为更多患者争取利益，使他们更早享用到先进的治疗技术，解除或减少病患以及家属的痛苦。

　　他们称此为"使命"。卫材希望无论在任何医疗体系或商业活动中，均能贯彻法律和道德准则，成为一个具有存在价值、为人类健康作贡献的企业。

3　"hhc"助推企业发展造福更多患者

　　2005年，卫材公司在原占地25 000平方米的厂房基础上，追加投资，用于建造第二期厂房，以增加生产能力，从而使苏州工厂不仅能够满足中国，而且还能够满足世界其他地方对高品质卫材药品日益增长的需求。为了保持在中国的业务发展，卫材公司于2010年再次追加投资1.2亿美元，在苏州工业园区购买了134 000平方米的土地，用于建设一个包括研发、生产和物流在内的新厂区。苏州工厂将可以进行固体制剂和注射剂的现地生产及进口产品的分包装生产。

　　2014年11月27日，卫材在苏州工业园区内迎来了注射剂工厂竣工仪式。卫材公司苏州注射剂工厂占地3 300平方米，地上2层建筑，总面积达5 980平方米。

　　未来，作为卫材全球制造体系的一部分，除了供给中国国内市场以外，还将向亚洲、中南美等新兴国家提供由苏州工厂生产的高品质产品。同时，新厂区在未来将会成为卫材全球创新中心之一，以实现稳定的向包括亚洲在内许多新型国家提供高品质的产品，以进一步实现对患者和家属的贡献。

　　卫材人坚信："生产的每一粒片剂、每一粒胶囊、每一支安瓿都与患者的生命息息相关。"他们严格遵守这一品质方针，以确保生产出高品质的产品。冯艳辉介绍："为了这一目的，工厂的所有生产操作，都根据药品生产质量管理规范(GMP)进行。我们的品质保证人员确保所有操作规程严格按照GMP进行，以保证卫材产品的均一性、有效性和稳定性。作为整体品质保证体系的组成部分，我们的总公司和(或)监管部门也对苏州工厂进行定期的检查和审核。我们不断努力，以生产并提供给患者和客户能够信赖的高品质药品。"

4　"hhc"助力履行责任

　　在卫材，"hhc"既是高屋建瓴的理念，也是切切实实的行动。冯艳辉强调，能够承担相应的社会责任，是一个成熟企业实现其社会价值的主要表现。

"hhc" 要求卫材公司所有的员工，无论是研发人员还是销售一线的员工，每年都要安排1%的时间参加这个活动。这项规定不但是强制性的，而且会计入年终考评，每年都会举办卫材中国、卫材全球的 "hhc活动" 评比。获奖者不但受到荣誉表彰和资金奖励，更会成为全集团学习的榜样，获得卫材人的认可和尊敬。

为贯彻这一理念，近年来，卫材在中国连续开展了多项 "hhc" 活动，这些活动惠及医生、患者和患者家属，真正践行了 "关心人类健康" 的理念。比如：致力于提高临床医生糖尿病周围神经病变(DPN)理论知识与临床技能的 "糖尿病周围神经病变简易筛查项目"、围绕世界阿尔茨海默病日(老年痴呆日)进行的关注老人的公益活动 "撑起父母记忆的天空：2012黄手帕银色关爱行动" 等。

为了达成 "hhc" 的目标，卫材甚至不惜牺牲自身的经济利益。冯艳辉举例说，在2011年，中国发改委对很多药品的零售价品实行了降价或限价。卫材在治疗梅尼埃病、梅尼埃综合征方面的产品就被降价30%。按照成本核算来讲，如果继续生产该药，会出现亏损情况。公司管理层仍毅然决定继续生产，因为一旦停产，将会出现很多患者无药可吃的情况，而这与卫材 "关心人类健康" 的目标是不相符的。因此，卫材公司的 "关心人类健康" 是真正从实际行动出发。

值得关注的是，在 "hhc" 的关爱目标中，患者家属也是重要的对象。在被问及这一独特之处时，冯艳辉表示，一个人生病，不仅是患者个人的问题，同时也会影响到他的家庭。这也是为什么卫材的使命中要将患者和家属的利益放在首位，为什么公司要求员工一定要花时间去了解患者和家属的需求的重要原因。比如老年痴呆患者本身对于周遭世界的感知极为受限，一切的责任都落到了照料他的家属身上。为此，卫材与多家社会机构合作，设计并开展了相关培训课程，以使患者能够得到家属更好的照料。又比如乳腺癌患者，她不仅是一个患者，同时很可能也是家庭主妇。在患病之后，可能无法照顾家庭。为了解决这一问题，卫材与一些肿瘤患者关爱中心合作，力求能够帮助她们。

除此之外，卫材认为，通过帮助医生更好地认识疾病，了解药物也是关爱患者及家属的重要间接力量。冯艳辉提到，"中国步入老龄化社会的步伐越来越快，但在中国，对老年痴呆这个疾病的认知教育与其他国家相比还是缺失的，尤其是很多非神经科的医生会忽视这个问题，很多时候患者前往神经科就诊时就已处于疾病晚期。卫材希望能通过医生、媒体等的教育，让更多人知晓并及早发现这个疾病。"

在中国面临重大自然灾害时，卫材集团更加履行着企业的社会责任，尽全力提供人道主义救助和支持。例如：在汶川地震中捐款建成凯江镇卫材红十字博爱卫生院，在青海玉树地震中捐助抗生素药品，在雅安地震中捐助医疗物资和药品，以及在云南地震中捐助现金及医疗物资等。据统计，近年来卫材已经向中国捐赠了1 000多万元人民币的现金和医疗物资。在实践"hhc"的道路上，卫材人从未停止脚步。关心人类健康，履行社会责任，卫材一直在努力。

有鉴于此，冯艳辉表示，希望能够通过丁香园的医学继续教育平台，一方面借助网络的力量，更好地传播中国医生亟待了解的最新临床进展，借助他们的力量开展"hhc"；另一方面依托网络双向交流的特性，在医生与医生，医生与患者的互动中更快地感知和了解医患需求，进一步绽放"hhc"的光彩。

5 "hhc"照耀下的卫材人才观

毋庸置疑，无论是创新目标的达成，还是创新理念的实现，无一不是依靠人的力量实现的。那么卫材人又有什么样的特质呢？

在冯艳辉看来，卫材用70多年的时间成长为日本第五大制药公司。其中，卫材人的贡献居功至伟。卫材最吸引人的地方在于，公司非常重视雇员的个人价值，并且向他们提供工具、培训和职业发展的机会。而且还提供有竞争力的薪酬和福利待遇，对于优秀的业绩和勤奋的工作给予不断肯定和奖励。公司里的员工很多来自欧美的不同公司，组成非常多元化，在卫材工作，既会迎来一个接一个的挑战，也会收获一波又一波的成就感。

冯艳辉特别指出，卫材持之以恒地向雇员传达"秉承关心人类健康"的企业宗旨，不断鼓励其为社会，尤其是为患者及其家人的医疗健康做出贡献。如果能充分理解"hhc"的内涵与外延的话，就会发现卫材事业的崇高之处。如果能理解患者的需求和利益，个人的价值也能得到体现。

在时下盛行的数字化营销趋势推动下，卫材也选择借助丁香园的平台，进行了线上平台的尝试。通过之前的尝试，已经获得了可观的效果，目前卫材正在与丁香园就精准营销方面进行进一步的沟通洽谈。在卫材一如既往关注的患者教育领域，丁香园也正在进行积极的探索，相信在未来，双方定有更多机会在数字医疗领域共同向更多的医生和患者传递有价值的信息。

与此同时，冯艳辉期待，她治下的卫材中国能够建立起健康的工作与生活平衡的工作环境，实现企业与员工共同成长，共同赢得未来的愿景。在采访的最后，冯艳辉希望通过丁香园，向广大有志于在中国医药行业大展拳脚的潜力股们发出邀请，共同为改善患者的生活而努力。

设计：付珍珍

责任编辑：黄杰

首发于：2015年1月

拜耳医药保健将新药创新视为企业的核心竞争力

拥抱创新，迎接未来

"拜耳的公司文化鼓励员工要勇于创新，在寻求解决社会棘手问题的答案时要有丰富的想象力、远大的抱负和非凡的胆略。"

　　拜耳医药与中国的渊源可以追溯到20世纪初。1936年，拜耳在中国建立了第一个生产公司，生产包括阿司匹林在内的一系列产品。如今，拜耳医药保健(以下简称拜耳医药)已经成为拜耳集团的支柱之一。正是由于拜耳医药不断地向市场投放新品，并获得业务的持续增长，拜耳引擎的强劲动力才尤其抢眼。在拜耳医药中国总裁康洛克看来，这一切都要拜"创新"所赐。

创新点燃拜耳核心竞争力

1　创新之花迎风绽放

　　2015年2月26日，拜耳发布年度财报，集团2014年销售额增长5.2%，达422.39亿欧元，销售利润创全新纪录。医药保健子集团的成绩单同样吸睛，2014年销售额增长5.6%，达到199.75亿欧元。拜耳管理董事会主席马尔金·戴克斯在财报新闻发布会表示，这一增长主要归功于处方药业务的发展。

　　近年来，拜耳医药面向全球连续推出一系列重磅新品，其中包括抗凝药物拜瑞妥、眼科药物Eylea、抗癌药物Stivarga和Xofigo以及肺动脉高压药物Adempas。这些新药甫一上市，成绩便十分亮眼，2014年合并销售额达到29.08亿欧元。这也使得拜耳成为处方药行业盈利增长最快的大型药企之一。

　　在中国，拜耳医药的成绩不遑多让，甚至更加夺目。据不久前披露的数据，拜耳2014年在华销售额达到16.59亿欧元(约135.5亿人民币)，同比增长约14%，这也是拜耳医药在全球所有新兴市场中拥有最高增长率的市场。其中，拜耳医药的处方药业务去年在中国同比增幅达15%，保健消费品和动物保健业务分别增长26%和11%。

对此，康洛克表示，这样的靓丽业绩背后其实并没有什么秘密，唯"创新"二字而已。一直以来，拜耳医药将新药创新视为企业的核心竞争力。经过多年的积累，公司已经拥有了多样化的业务领域和强大的研发产品线。2014年，拜耳医药投入的研发资金超过了23亿欧元，共有57种化合物正在进行Ⅰ~Ⅲ期临床试验，其中大约三分之一为肿瘤领域，另外约三分之一为心血管领域。这些有望研发成功的化合物所治疗的疾病在中国也十分常见。康洛克介绍说，公司将继续在心脏病学、妇科学、血液病学、眼科以及肿瘤学等重点领域展开研发工作。

康洛克认为，创新是任何一个国家或者任何一个企业的血液。对于公司而言，创新可以帮助他们创造收入；对于患者而言，创新也许就意味着更好的药、更好的治疗效果；对于个人而言，创新也许就意味着更多的工作机会。

2 视中国为创新源泉

在采访中，康洛克告诉丁香园，在拜耳医药全球各新兴市场中，中国拥有最高的绝对增长率，是拜耳最重要的市场之一，拜耳医药看好中国市场的成长潜力，未来将致力于向中国引进更多新药。

能够在华取得如此佳的业绩，主要得益于中国社会的老龄化和公众生活方式的改变。"中国慢性病管理的需求呈现显著增长，而这极大地刺激了拜耳医药在中国的发展"。同时，康洛克认为，拜耳医药长期深耕中国，着眼长远的策略也扮演了重要角色。对拜耳而言，中国不仅仅是全球最重要的市场，而且还是不可或缺的创新之源。

据悉，拜耳公司正在将越来越多的中国患者纳入到全球临床试验中，使中国患者能够更早更快地接触到这些创新药物。这意味着，"一旦拜耳开发了一个药物，通过临床试验结果，就能够更好地了解该药物对于中国患者到底能发挥多大的作用"。目前有33项临床试验正在中国开展，相比5年前增加了50%。

拜耳医药全球有四个研发中心，分别位于柏林、乌珀塔尔、加州湾区和北京，目前有240多名药物研发科学家在北京工作。这样的好处在于研发人员能够紧跟中国市场的需求，最大化地用研发人员的知识作为背景了解中国患者的需求，为拜耳制定可行的产品开发策略。

康洛克特别提到，为了最大化创新资源，拜耳开发了一系列战略，确保能够充分利用中国的创新潜力。近年来，拜耳医药逐步与中国知名学术机构建立起了稳固而密切的合作机制。2009年，拜耳医药与清华大学共同成立研究中心，中心所涵盖的众多研究课题包括早期研发合作、获得对疾病机理更为深入的理解、新药靶点确认以及联合生物结构研究和药物化学项目。

2014年，拜耳医药–北京大学新药研发和转化研究中心成立，该中心将成为一个联合研发平台，来自北京大学生命科学学院、分子医学研究所及其他相关机构的学者与来自拜耳全球药物研发的科学家们将一起在该平台合作研究。作为协议的一部分，拜耳医药将为合作研发项目提供资助。另外，公司还将赞助"拜耳讲席教授"及"拜耳学者奖"，以鼓励和表彰那些在生命科学和药物研发，特别是在拜耳医药核心治疗领域方面做出突出贡献的优秀学者。

事实上，拜耳医药对中国的承诺远不止这些。拜耳医药在北京设立的生产基地是中国最先进的药品生产基地之一。通过对先灵公司的全球收购，拜耳医药又增加了广州的生产基地。2008年，拜耳医药完成了对东盛科技启东盖天力制药公司咳嗽和感冒类非处方药系列的收购；2014年，拜耳医药完成了对滇虹药业集团公司的收购。这些收购加强了拜耳保健消费品业务，显著地拓展了拜耳医药在中国这一全球增长最快非处方药市场的业务范围，有助于拜耳医药在中国非处方药领域中成为领先的跨国企业。

3　拥抱"互联网+"

尽管中国患者仍有大量未满足的医疗需求，但政府应对这一挑战的努力依然赢得了康洛克的赞赏。他提到，中国政府在很短的时间内建立起了覆盖城乡居民的基本医疗卫生制度，这是中国取得的巨大成就。得益于这些举措，中国老百姓的预期寿命比15年前、20年前大大延长，中国经济也实现了持续繁荣。

不过，与经济繁荣同步而来的是，慢性病日渐成为中国人群面临的严重健康问题，这给医疗从业者带来了严峻的挑战，但其中也蕴含着丰富的机会。

康洛克说，拜耳医药致力于支持中国政府实现在2020年前建立覆盖城乡居民基本医疗卫生体制的目标。对于如何借助互联网更好地帮助到中国医生与患者，康洛克谈了很多他的看法。

他认为，网络正深刻地改变着患者与医生的行为，药企应当在遵守所在国家法律法规及企业内部合规制度的前提下拥抱这一改变。目前这一切只是开始，网络的真正价值还有待发现。从目前的趋势看，线上与线下是互补的关系，而非前者取代后者。

以患者为例，随着人们寿命的延长，对健康越来越重视，越来越多的人尝试到网络上查找对自己来说全新的领域以及信息，非处方药的自我用药已是大势所趋。同时，这对线下的患者教育工作也提出了相当高的要求。为此拜耳医

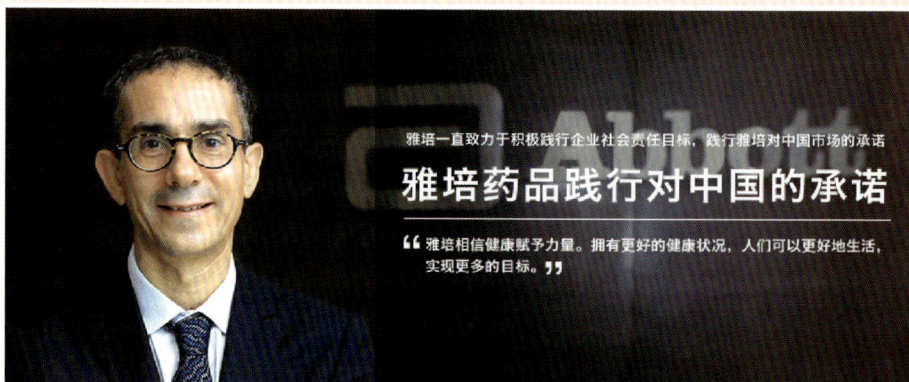

雅培一直致力于积极践行企业社会责任目标，践行雅培对中国市场的承诺

雅培药品践行对中国的承诺

" 雅培相信健康赋予力量。拥有更好的健康状况，人们可以更好地生活，实现更多的目标。**"**

　　雅培作为一家全球领先的多元化医疗保健公司，自从1888年创立以来，一直致力于通过开发贯穿整个医疗保健领域的产品和技术，提高人们的生活品质。雅培在诊断仪器、医疗器械、营养品和药品等领域拥有领先的产品线。其中，雅培药品业务长期坚持为患者提供高品质、值得信赖的品牌药物，并高效而富有经验地为全球各地区设计满足本土医疗需求的产品组合。用雅培中国药品业务总经理嘉雷诺的话来说："雅培是为了践行'不断改善人类健康'而来中国的。"

雅培中国的心路历程

1　挺进新兴市场

　　长久以来，欧美及日本等发达国家市场的需求一直是制药业发展的推动因素。国际制药巨头们很少关注新兴市场以及在新兴市场中较为流行的疾病。然而，新世纪以来，这种格局正在悄然发生变化。在中国、印度和巴西等新兴市场，人们消费能力的增长及对医疗保健的重视与投资，都给医药企业带来巨大的商机。与此同时，几乎所有发达市场都呈现出低增长或负增长趋势，其监管环境更加严格，而且专利诉讼持续升级。相形对比之下，新兴市场的价值日益凸显。

　　面对这一变化，雅培已经预先做了很多布局。2014年5月，雅培宣布以29亿美元收购智利制药商CFR Pharmaceuticals。在拉美地区药品市场规模持续快速增长的背景下，这一收购格外引人注目。通过这次对CFR的收购，雅培将获得7 000名雇员以及在智利、哥伦比亚、秘鲁和阿根廷等地的医药研发和生产设施。这项交易使雅培在拉美市场的品牌非专利药业务扩大逾两倍，使雅培成功跻身于拉美市场十大制药公司之列，将巩固雅培在快速增长的拉丁美洲市场的地位。这项交易给雅培在2015年带来约9亿美元的年销售额，预计在未来几年内都将持续推动雅培的销售收入实现两位数的快速增长(即增长率达到≥10%以上，并且<100%)。

2014年12月，雅培宣布斥资3.05亿美元收购俄罗斯制药企业Veropharm。Veropharm公司拥有3处工厂，致力于女性健康、中枢神经系统以及心血管领域药物的开发。据雅培预计，该公司在2015年贡献1.5亿美元的销售额。

嘉雷诺表示，中国是新兴市场的最重要成员，如果在这里没有开展业务就不能称为致力于新兴市场。雅培在中国已开展业务20余年。雅培持续投资中国市场，以确保产品和服务能完全满足从疾病预防到诊断以及从治疗到恢复的全面需求。此外，雅培也重视中国本土的研发能力，在上海创建了研发中心，通过本土的临床试验和运营，雅培中国的研发能力获得巨大提升。目前，雅培除了在上海设立了中国总部之外，还建立了10个办事处、3家工厂和2个研发中心，拥有4 000多名员工。

在挺进新兴市场这一策略的推动下，截至2014年12月31日的第四季度财报显示，本季度雅培主营业务全球总销售额54亿美元，不考虑汇率因素，增长10.2%，其中新兴市场实现两位数增长(即增长率达到≥10%以上，并且<100%)。雅培药品主营业务销售额在第四季度增长35.4%。包括印度、俄罗斯、中国和巴西在内的主要新兴市场和一些其他的新兴市场为雅培药品业务提供了最具吸引力的长期增长机会。

2　体察医生诉求

雅培药品部拥有众多药品类别，为遍及全球的88个国家和地区的患者提供服务。嘉雷诺向丁香园介绍说，在中国，雅培为患者提供的医药产品涵盖消化及肝病、心血管及泌尿、妇科、中枢精神系统等关键治疗领域。以杜密克、得舒特、力平之、达芙通、兰释等为代表的雅培药品为无数中国患者带来了重获健康的机会。为了能够更多地帮助中国的医生与患者，雅培还在不断创新，持续发现新的适应证并改善用药途径。

就中国医生而言，能够在诊疗水平与个人学术上得到持续的进步是其主要的两个诉求。在这方面，雅培着力颇多。

消化类药物是雅培最重要的药品之一，在这方面提高医生的诊疗水平和疾病认知自然是应有之义。就在不久前，由中国医师协会消化医师分会承办，雅培协办的"健康消化道、携手筑长城——绿丝带行动"在北京正式启动。雅培中国药品部总经理嘉雷诺表示，雅培希望通过对绿丝带项目的支持，一方面让中国的医疗从业人群规范常见胃肠疾病的治疗，改进诊断、药品使用管理和疾病管理。另一方面通过网络对疾病的介绍，让更多的人提高对消化道健康的意识，了解常见消化道疾病知识，关注自身和家人的消化道健康。雅培将会为绿丝带项目提供后勤和组织方面的支持，同时也会协助项目编写患者教育的相关材料。嘉雷诺表示：“这个项目将计划在2015年建成30家核心医院作为示范中心，摸索并积累成功经验，然后在未来3~5年内覆盖全国31个省、自治区及直辖市，逐步拓展到全国100家核心医院，计划规范化实施知识分享计划，培训10 000名注册医师，并对20 000名患者进行一系列教育普及活动。”

除了诊疗水平外，论文发表也是中国医生非常关注的内容。嘉雷诺提到：“有相当多的中国医生希望能在国际学术杂志上发表论文，但是由于语言障碍和方法技术的限制，这并不容易，所以越来越多的医生需要这方面的学习交流。”有鉴于此，雅培与Elsevier公司合作举办了“走向国际学术舞台”研讨会，邀请著名国际学术杂志的主编到中国参与该研讨会。为希望发表论文的医生提供一些关键的指导，比如应当如何修改格式、段落和数据点来达到编辑的期望。这个项目目前取得了很好的成果，很多中国的医生都迫切渴望参加。

嘉雷诺表示，今后，希望能够利用网络进一步放大这些举措的效果，也非常乐意借助丁香园这类以医生为主要受众的社交媒体的力量，更好地帮助中国医生。

3　模范企业公民

在为中国消费者提供了各种营养品、药品和医疗产品的同时，雅培一直致力于将负责任的可持续商业经营作为我们的运营方式，增强雅培的企业社会责任影响力，在多个领域同时发力，积极践行企业社会责任目标，践行雅培对中国的承诺。嘉雷诺表示，长期以来，雅培一直致力于不断提升可持续运营能力，并与政府和其他利益相关方密切合作，积极履行企业社会责任。公司企业社会责任战略重点包括三个方面：缔造卓越产品，改善获取渠道，保护生态环境。

从2010年开始，雅培在全国推行雅培家庭科学教育项目，该项目由雅培与中国科协青少年科技中心合作开展，雅培科学家和志愿者在小学、社区中心和博物馆主导开展各项亲身实践类实验，传授基础科学知识，将孩子、家长和老师聚集在一起，亲自动手参与有趣的基础科学和工程学实验。截至现在，雅培把这项寓教于乐的公益活动推广到中国45个城市中的140所学校和科学馆，其中还包括科教资源较匮乏的西部偏远地区小学。共吸引了22 000名城市和农村学校的孩子和家长，约3 000名雅培员工志愿者共同参与。

雅培基金会于2007年同世界健康基金会、上海儿童医学中心结成伙伴关系，成立了雅培基金会临床营养发展中心，并通过专业培训、临床研究、创新性临床实践、专业教育和社区服务工作，改善儿童的营养状况，是雅培在中国加强营养科学和应用能力，并与中国专家分享最新医疗保健成果计划的重要内容。

雅培提供高质量的药品、诊断仪器、医疗器械以及营养品，致力于提高人们的健康水平。同时，公司积极与中国政府和专业机构密切合作，引进国外先进的设备和医疗手段，提高国内的医疗人员能力和消费者健康意识。

在保护环境方面，雅培中国各个工厂都设立了环境关键绩效指标，致力于环保型生产，不断减少二氧化碳排放、电能消耗、水消耗以及总废弃物排放量。雅培2020年全球环保目标是：二氧化碳直接排放量比2010年减少40%，总用水量减少30%，废弃物减少50%。

雅培获得了很多企业社会责任奖项，其中包括连续四年获得了中国社工协会颁发的中国优秀企业公民奖。

4　着力人才培养

雅培对中国的承诺，需要雅培员工来推动完成，因此"人才是雅培中国最宝贵的资产"。雅培为中国员工提供了和美国员工同等的职业发展机会，包括各类培训、参与特殊项目以及和高管的频繁接触的机会。而人才培养主要体现在业务能力的锻炼和关爱员工的生活两个方面，嘉雷诺如是说道。

雅培中国努力营造更为友善和多元化的企业环境，着力于为员工提供优秀的职业发展平台、优异的薪酬福利体系及优良的企业关爱文化，从而进一步体现公司以员工发展为核心的价值观，确保雅培员工能更好地实现其个人和职业的发展规划。雅培通过员工年度体检、购买商业保险、雅培员工购股计划等项目，进一步完善公司的福利体系。2007年成立的雅培中国关爱会也致力于帮扶有需要的员工。

在采访中，嘉雷诺特别提到了雅培中国学院，这家成立于2009年的内部机构旨在为雅培中国所有员工提供系统、全面的培训课程、学习机会和各种工具、资源，帮助员工实现卓越绩效和提升技能。

嘉雷诺十分赞赏雅培中国员工高昂的学习精神。"人们总是求知若渴，这正是中国人的魅力所在。我们的员工常常在私人时间学习最新的疾病信息、最新的药物发展以及最新的迹象知识。"为了满足他们的需求，2012-2013年间，学院开设了更多针对一线管理者管理水平的培训课程，以及增加其医学知识储备的课程。这些课程不仅帮助员工对疾病有更好的认识，对临床医生提出的问题应答自如，同时也使员工在为医生分享最佳医疗实践时能快速进入角色。

嘉雷诺表示，2015年，学院还将开设高级讲习班，会邀请权威临床医生为团队讲授专门的疾病诊疗知识，这将会使雅培的一线销售代表们能够更了解疾病、更理解医生，对患者更有同理心，最终能够更好地践行雅培对中国的承诺。

虽然从未经过系统训练，但充满热情、精力旺盛的嘉雷诺在5月16日雅培赞助的第十六届长城马拉松赛中，也顽强跑完了全程42公里，一步一步踏完超过5 000阶台阶，和全球超过50个国家和地区的2 500多名跑者一起，跑出本届长城马拉松的理念——"一步一阶，跑出非凡历程"。"雅培相信健康赋予力量。拥有更好的健康状况，人们可以更好地生活，实现更多的目标，跑出自己非凡的历程。"雅培中国药品部总经理嘉雷诺先生表示。

设计：付珍珍
责任编辑：高燕萍
首发于：2015年5月

以患者为中心是武田孜孜以求的目标
支持医生，关爱患者

" 武田始终秉承的经营使命是致力于对卓越药品的研制和创新，为人类健康和医疗事业的未来做出贡献。"

　　面对快速增长的中国市场，全球制药企业纷纷抢滩登陆，日本制药巨头武田药品工业株式会社亦不例外。这家始创于乾隆四十六年(1781年)的制药公司起初以经营日本和中国传统草药为主，1871年开始转型经营西药，由此逐渐成长为一家集研发、制造和营销于一体的现代化企业，并成为日本最大的制药公司。不久前，丁香园对武田制药新兴市场事业部副总裁、武田大中华区负责人野口晓先生进行了采访。在他的描摹之下，武田制药的中国愿景正在变得越来越清晰。

武田制药的中国愿景

1　武田的全球化愿景

　　武田制药起家于230余年前的日本著名"药镇"道修町，当时主要作为"和药"和"汉药"的中间商开展业务。1895年，武田建立了自己的工厂开始从事药品生产，1914年成立研发部门，开始进行药品研发活动，并将心血管疾病、肥胖和糖尿病等代谢类疾病、肿瘤、中枢神经系统疾病、免疫及炎症类疾病作为重点研究领域。

　　一直以来，武田制药秉承"致力于对卓越药品的研制和创新，为人类健康和医疗事业的未来做出贡献"的经营使命进行事业拓展，始终致力于卓越医药产品的研发和创新，提供从预防、保健到治疗的一系列医疗保健解决方案。如今的武田制药已经成为一家专注于自主研发的全球化制药公司。

　　由于全球经济发展的不平衡，在过去很长一段时间，大型跨国制药企业更为重视美国和日本等发达经济体患者的需求。但是随着中国经济的增长和社会老龄化带来越来越多的医疗健康需求，中国也成为医疗热点市场之一。而日本制药企业拥有的老年医疗健康方面的知识和经验逐渐成为突出优势，这为武田提供了更多服务于中国患者的机会。

早在1994年，武田就已在天津布下天津武田药品有限公司这枚棋子。进入新世纪以来，武田中国的发展速度骤然加快。2011年以来，武田分别在上海成立全资控股公司武田(中国)投资有限公司，在江苏泰州设立全资子公司武田药品(中国)有限公司，随后几年，武田上海开发中心及武田(中国)国际贸易有限公司等纷纷投入运营。

2015年野口晓赴中国履新，在此之前，他一直在成熟市场为武田开疆拓土，但这20年的交错并未影响他对武田中国的如数家珍。事实上，武田着力中国市场发展的"Project China"项目就有他的积极参与。武田正是通过该项目成功收购中国合资方股份，使天津武田药品有限公司成为武田的独资公司，并确立了武田的中国发展战略。

野口晓向丁香园介绍说，随着业务地区的扩大和多元化产品的增加，武田的商业模式正在迅速改变。武田在2014年明确并开始实施新的全球化战略，继续强调"以患者和客户为先"的业务重心，立足于"全球化""多样化"和"创新"，建立一种适合全球化制药公司的灵活、强健且有效的运营模式，以期进一步确保实现可持续增长。

武田计划将加大对中国的投资，不仅仅是达到在中国市场实现业务增长的短期目标，还要满足武田中国今后的可持续发展。

2 创新引擎的本土化

武田为了确保全球化愿景的实现，创新无疑是其最大的驱动因素。当这一愿景落地到中国时，如何做到本土化创新便成为实现愿景的重要抓手。

武田在全球拥有15处研发基地，设于日本、中国、美国、英国、新加坡和俄罗斯。野口晓强调说，武田上海开发中心的成立即是中国本土化创新的重要体现，在全球15处研发中心中，开发中心有4家，武田上海开发中心就是其中之一。这一举措旨在实现武田对于亚洲及中国市场的战略承诺。该中心致力于在亚洲地区进行临床开发研究，同时专注于对中国的普药以及亚洲(除日本外)的肿瘤药物临床开发，为武田在全球开发增添了强有力的力量。

2011年武田以63亿欧元(合91亿美元)收购瑞士公司奈科明公司，这是武田有史以来最大的收购行动。由于之前奈科明拥有天普生化医药有限公司的多数股权，因此，借助这次收购，武田成为天普的主要股东，而后者是全球最大的人尿蛋白质生物制药企业，专注于危重症领域生物制药的营销、开发及生产。公司拥有国家二类新药(国内独家品种)天普洛安®(注射用乌司他丁)、全球首创一类新药凯力康(注射用尤瑞克林)，及肿瘤骨转移治疗领域一线用药邦罗力(伊班膦酸注射液)在中国大陆的独家经销权。

野口晓特别指出，武田对于中国企业的合作持开放的态度，只要符合武田的战略需求，哪怕领域不同，依然有合作的空间。

在采访中，野口晓还提到，中国有庞大的人口，老龄化的趋势愈加明显，针对这些特征，武田计划今后将在中国市场投放一些新产品以服务中国患者的需求。比如中国经济发展迅速，但由于生活方式和环境的改变，也使得一些疾病快速增加，如糖尿病，目前中国有超过9 000万患者，非常遗憾地以人数高居全球第一而成为"糖尿病患者大国"；还有肿瘤，据调查，中国每年新发病例约220万人。武田一直关注这些现象，会在这些领域投放一些新产品，更好地服务于中国患者。

3　支持医生，关爱患者

医生与患者作为医学行为的重要参与者，向来都是制药企业关注的对象。野口晓告诉丁香园，为了帮助中国医生，武田中国已经开展了很多卓有成效的继续教育活动。比如武田与中华医学会在2014年签署了学术合作备忘录，达成5年合作伙伴关系，构建长期、有效的中日医学学术交流平台，共同促进两国的学术交流与发展。首届中日医学交流论坛于2014年在中国举行，分别在北京、广州和上海三地相继举行了多场会议和专题研讨会。来自日本和中国的医生，共聚一堂，一起交流医学知识以求共同提高治疗水平。2015年的论坛在东京举行，两国的医生将再次相聚，进一步分享与交流，中国的医生还会到日本的医院进行参观。另外，武田设立了武田科学振兴基金会，旨在帮助亚洲医生提升医学经验。1980年以来，有超过200名中国医生前往日本学习医学知识。

鉴于互联网的蓬勃发展，武田还希望今后能更多地借助丁香园这类社交媒体平台，向更大范围内的医生传达最新的医学进展和武田的产品信息。

以患者为中心是很多药企坚持的目标，这是武田不断研发并引入新药物的初衷，武田希望能够为患者提供更多满足需求的医疗解决方案。对于武田，以患者为中心同样体现在企业社会责任感方面，这也使得武田连续多年入选多项社会责任指数。作为从事健康相关活动的企业，武田认为自己必须建立长期、持续的支持计划。它与NGOs和NPOs组织建立有长期联系，并制订了10年或5年计划，设立抵抗AIDS、肺结核以及疟疾的全球基金，支持儿童健康保护计划等。2009年3月，武田加入联合国全球契约，并于2009财年开始成立新项目，协助发展亚非发展中国家的医疗保健事业，作为联合国千年发展目标的一部分；并宣称将通过国家健康保险定价计划，推进新药研发及其适应性改善，在解决日本制药工业相关问题方面充分发挥带头作用。

4　拥抱武田精神

到1781年至今230余年的历程中，武田制药始终保有活力以及强大的竞争力，这充分表明其践行的以诚信为核心价值观的武田精神具有顽强的生命力和良好的灯塔效应。

目前武田已在70多个国家和地区开展业务，产品销往全球90多个国家和地区，包括日本、美国、欧洲、亚太地区、中东、拉丁美洲和非洲。值得注意的，中国市场的广阔意味着其具有多种多样的特征，需要根据不同的需求制订不同的计划。野口晓向丁香园坦承，面对这种情况，只有对内拥抱同一个无形的精神，对外才能更好地销售各种各样有形的产品。

野口晓说："作为一家国际化的制药企业，公司很多员工并不是日本人。我们的CEO就是法国人。他手下1/3是日本人，1/3是美国人，另外1/3既不是日本人也不是美国人。这在日本公司中属于非常特别的一类。因为武田相信不一样的思想，不一样的视角，不一样的策略，能够碰撞出更加富有竞争性的见解。如果在日本只有日本人工作，那样的创新并不纯粹，我们更加希望看到的是武田像一个熔炉，能够聚拢来自世界各地的人才，使其在武田精神的指引下推动企业前进，造福广大患者。"

为此，武田非常重视对员工的培训。野口晓告诉丁香园，武田在中国的员工有近3 000人，其中只有10人是日本人。这和其他的很多日本公司是不一样的。我们有明确的培训计划以提高员工水平。我们不仅提供丰厚的薪水，同时也鼓励他们去海外交流。另外，武田中国还在北京大学光华管理学院设立了武田MBA项目，而天普与中欧国际工商学院合作设立天普MBA项目，这些都旨在帮助员工提升自我。因为武田认为，为员工提供不间断的职业发展不仅可以留住人才，也是赋予武田前进动力的重要方式。

设计：黄婧劼
责任编辑：高燕萍
首发于：2015年6月

强生高度重视外部创新与新兴市场
关爱病患，助力医生
❝ 强生通过领先的科技研发创造创新的理念、产品和服务，为改善人类健康和福祉而不懈努力。❞

　　强生公司在全球60多个国家拥有超过275家子公司，雇员约13万人，在世界各地均有其产品销售。强生推崇关爱全世界，关注每个人。在这一理念的引导下，强生通过领先的科技研发创造创新的理念、产品和服务，为改善人类健康和福祉而不懈努力。用强生公司中国区主席、强生全球管理委员会委员吴人伟的话来讲，一路走来，强生公司的最大竞争者并非友商，而是疾病。

强生的最大竞争者是疾病本身

1　强生的"全武行"

　　19世纪末，美国内战期间，英国医生约瑟夫·李斯特发现了手术室内通过空气传播的细菌，率先创立了"看不见的细菌"这一学说。在当时，曾经在军队工作过的罗伯特·伍德·强生，成为最早认同李斯特这一理论学说的人。

　　1886年，强生和他的两个兄弟在美国新泽西州的新布仑兹维克，共同开创了一个全新的事业——生产无菌外科敷料，并正式创建了强生公司。随着业务的扩大与发展需要，强生自20世纪20年代开始陆续于美洲、欧洲、非洲、亚洲与澳大利亚等地区相继成立新国际性公司，生产高品质的健康产品，推动着全球的健康发展。

　　与其他专注于处方药的跨国药企不同，强生旗下的业务可谓"全武行"，主要业务包括消费品和个人护理、制药、医疗器材三大领域。在业务如此多元的背景下，强生依然保有世界最大、产品最多样的医疗器材公司、第六大生物技术公司、第六大个人护理消费品公司及第五大制药公司的桂冠。这一成绩的取得既让人赞叹，也不禁令人追问，是何种原因造就了今天的强生。

在与丁香园的对话中，吴人伟就这一问题解释道，从世界范围来看，强生的商业模式是独一无二的，而驱动这一模式的引擎是依循"持续护理"(continuum of care)的理念进行科研创新工作。他以肺癌为例。这种疾病是中国最常见的肿瘤类型，每年新发患者多达60万例。凡事预则立，做好肺癌的预防能很大程度降低疾病发病率，这时，消费品和个人护理部门就可以扮演这样的角色。一旦疾病发作，早诊早治对于提高治愈率和生存率居功至伟。在这一领域，强生的医疗器材部门已经倾注了很多心血，并取得了令人瞩目的成绩。而研发肺癌药物更是制药部门责无旁贷的任务。据吴人伟透露，强生积极致力于将肺癌转化为可预防、可治愈的疾病，最终实现根治肺癌的目的。

契合强生的多元化商业模式为公司带来了可喜的回报，根据2015年早些时候披露的强生年报数据，公司2014年全年销售743亿美元，运营增长6.1%。其中，制药板块为强生贡献了大部分增长。2014年，强生全球制药销售总额达到了324亿美元，运营增长16.5%。

在制药领域，强生的创新药品针对的疾病包括肿瘤、心血管及代谢疾病、免疫系统疾病、中枢神经系统疾病、传染病等领域。这其中，最为知名的是治银屑病的Stelara、抗精神病药物Invega Sustenna、丙肝药物Olysio、抗凝药Xarelto。不仅如此，强生正聚焦研发有大量病患需求但治疗方案较少的疾病领域。根据强生的计划，公司到2017年将向监管部门提交超过10种新药的上市申请，包括丙肝药物simeprevir、血液病药物ibrutinib和daratumumab、免疫系统药物sirukumab和guselkumab以及流感、狂犬病和小儿麻痹症疫苗，并进一步改善现有药物。业界普遍认为，强生研发力量加上收购来的外部研发实力，有机会推动强生成为大型制药公司中增长最快的企业。

在医疗器材方面，强生牢牢占据着冠军的宝座。在骨科、微创及开放性手术、电生理学、心脏和心血管、糖尿病护理、感染预防以及视力保健等领域，都有强生的优质产品造福着广大患者。根据市场调查公司Evaluate MedTech发布的最新报告，预计2020年全球医疗器械市场将达到5 140亿美元，首次突破5 000亿美元大关。界时，排名第一的公司将是强生，预计2020年医疗器械收入将达328亿美元。

2 重视外部创新与新兴市场

毋庸置疑，强生的快速发展很大程度上有赖于美国与欧洲等成熟市场的贡献。吴人伟向丁香园介绍，强生在美国起家，在美国上市，是一家美国公司，这是强生在过去120多年里取得成功的重要因素。不过强生也意识到，如果在未来120年强生想要获得同样成功的话，需要更加重视外部创新和以中国为代表的新兴市场。

强生消费品和个人护理、制药和医疗器材3个业务部门都设有独立的研发中心。过去的5年里，强生每年投入大约销售额的11%用来支持研发工作，用于研发的投资连续数年超过80亿美元，但吴人伟认为，这一数字与广大患者未解决的医疗需求相比，依然如沧海一粟，因此需要借助外部的创新力量，加快创新速度。

2014年10月31日，强生在上海成立亚太创新中心。这是继伦敦、波士顿、加利福尼亚创新中心后，强生在全球范围内建立的第四个创新中心。吴人伟表示，对强生而言，重视中国市场，就是推动强生产品由中国制造转向中国创造，而成立亚太创新中心就是其重要体现。中心将借助与本地科研人才和项目的合作，推动制药、医疗器材、消费品以及个人护理领域的创新成果成功转化为医疗方案，服务病患需求。这使得强生成为少数将全球创新研发部门放在中国本地的跨国企业之一。

强生将亚太创新中心视为公司在亚太区推动外部创新战略的核心机构，中心将充分利用其在区域内的科技与合作方面的实力，结合强生消费品及个人护理、制药、医疗器材三大业务领域，识别开发最有潜力的产品。中心将与医疗创新企业及研究机构展开密切合作，通过提供资金、专业知识和技术，共同将雏形创新转化为医学临床应用的成果，以满足中国及国际市场的需求。

截至目前，强生在全球设立的创新中心已经与外部伙伴达成多个项目合作，其中包括在中国地区的数个项目。合作伙伴分别是中国药科大学、北京大学、浙江大学、苏州工业园区纳米科技园及无锡药明康德生物技术公司等，涉及多种新型药物和医疗技术的研发合作。

吴人伟希望，强生能够在这一充满活力的创新系统中扮演催化剂的角色，使关键要素——政策支持、学术力量、制造实力、融资能力和人才——有机融合在一起，将源自本地和亚太区域的创新推向全球市场。强生在这方面的工作将可以加速在制药、医疗器材、消费品及个人护理领域提供更有效的医疗保健解决方案。

3　因爱而生

强生作为一家具有公益传统的百年跨国企业，多年来，一直在全球各地以优质的产品、持续性的公益项目和志愿服务，支持那些帮助他人的人，积极改善全球家庭的健康和生活品质。

目前，强生已成为全球最大的企业捐助者之一，仅在2013年，强生为50多个国家的近600个公益项目提供了近10亿美元的现金和产品支持。进入中国市场以来，强生持续不断推动中国健康事业的发展。不仅为中国消费者提供优质的产品和服务，还坚持积极融入社区发展，履行企业公民义务。

吴人伟告诉丁香园，近年来，强生提出了"因爱而生"的公益主题，生动地展现了强生企业社会责任的理念和目标。2015年是强生进入中国第30年，强生启动了以"因爱而生"为主题的30周年品牌传播活动，重申其对中国市场的坚定承诺。强生希望通过企业及其员工的身体力行，号召公众积极参与志愿服务，关爱那些需要关爱的人。

吴人伟介绍说，强生推动公益的一个特色是积极倡导员工志愿服务，努力使其成为参与企业社会责任的重要力量。2007年，强生志愿者协会成立，经过7年的不懈努力，协会已拥有完善的组织架构、管理体系、领导团队及品牌活动，员工志愿服务始终保持着良好的参与率。2013年，强生有5 100多名员工参与了志愿服务活动，贡献了约23 000小时的志愿服务时间，帮助了超过30 000名儿童、老人、残障人士等群体人员。积极热情且具有专业技术能力的志愿者团队，成为强生践行企业社会责任的一大亮点。

4 专业优势，助力医患管理健康

除了关爱病患之外，医生也是强生公益活动的关爱对象。吴人伟提到，强生的产品与药物走在医学的前沿，让中国医生能尽早接触到这些前沿的产品和疗法，以造福广大病患，一直是强生的重要目标。

据不完全统计，强生上海和北京学术中心分别成立于2001和2005年，成立以来为医生持续提高专业医疗水平和技术提供课程超过10万人次，涉及科室包括普外科、心胸外科、妇科、骨科、显微神经外科、心血管介入治疗以及临床诊断等。这一体系涵盖了一个外科医生从新手到专家的全部过程，与医生的职业发展路径相匹配，让越来越多的病患享受到了更高水平的治疗和服务。

针对一些特殊医生群体，强生也给予了悉心的帮助。2012年，强生医疗与中国红十字基金会联合举办的"乡村医生培训"项目在北京协和百年礼堂正式启动。该项目旨在通过短期集中培训，提高参训乡村医生对农村常见病、传染病、多发病、院前紧急救护等方面的知识和医疗技术水平，改善广大农民群众的医疗卫生条件，为其服务区域内的农民群众提供更好的医疗保障。

另外，2015年初，由国家卫生和计划生育委员会、中国人民对外友好协会联合中国人民解放军总后勤部卫生部举办的，旨在表彰对世界公共卫生事业有杰出贡献的医务工作者和团体，弘扬国际人道主义精神，促进中国与国际卫生组织的友好交流与合作的"大爱无疆——寻找·最美援外医生"活动特别邀请了强生作为唯一的企业合作伙伴参与。活动通过广播、电视、网络、平面媒体等多种形式及时发布相关信息，让援外医生的崇高形象深入人心。

　　吴人伟强调，强生通过各种形式支持卫生和健康教育的工作，包括借助网络开展类似的公益活动，这其中，与丁香园联合开展的在线医学继续教育活动就取得了良好的收效。同时，强生也将积极考虑对中国的护理工作人员提供专业知识分享等支持。

设计：付珍珍、李栋

责任编辑：高燕萍

首发于：2015年6月

阿斯利康是一家以创新为驱动的全球性生物制药企业

着眼创新战略，下沉深耕中国

" 在 2015 年，以 '精准医疗' 为目标的创新药研发及业务拓展将成为阿斯利康的战略重点。"

2014年12月，阿斯利康中国消化、呼吸和麻醉业务部副总裁王磊履新中国总裁。这消息顿时成为业界关注的焦点，要知道，本土职业经理人能做到跨国药企的这个位置，可谓凤毛麟角。追根溯源，这一人事变动既与阿斯利康"更加贴近中国市场"的创新战略有关，也是王磊在消呼麻领域实施"下沉"计划大获成功的结果。

着眼创新战略，下沉深耕中国

1 引领创新潮头

阿斯利康是一家以创新为驱动的全球性生物制药企业，专注于研发、生产和销售处方类药品，每年用于研发创新药物的投入就有40亿美元以上。1993年，阿斯利康进入中国市场，目前，在全国拥有超过12 000名员工。阿斯利康中国的业务重点主要集中在中国患者最需要的治疗领域：心血管、代谢性疾病、肿瘤、呼吸、消化和麻醉。

在和丁香园的交流中，他说到，时至今日，中国已超越日本，仅次于美国，成为阿斯利康在全球的第二大市场。2014年，阿斯利康在中国的业务增长率达到22%，是在华成长最快的跨国药企。王磊告诉丁香园，2015年上半年，增幅是19%。考虑到宏观价格管控、经济增速放缓、外部政策变化等因素，这样的成绩是令人满意的。

作为一家主要研发生产原研药的制药巨头，创新无疑是阿斯利康发展壮大的核心关键词。有迹象表明，在2015年，以"精准医疗"为目标的创新药研发及业务拓展将成为阿斯利康的战略重点。

2015年年初，美国总统奥巴马提出开展"精准医学计划"，引起全球广泛关注。其核心是通过分析囊括100多万名不同年龄阶层和各种身体状况的男女志愿者库，研究遗传变异对人体健康和疾病形成产生的影响，以便更好地了解疾病的形成机理，进而为开发相应药物，实现"精准用药"铺平道路。同年3月，我国科技部首次召开精准医学战略专家会议，计划启动精准医疗计划，精准医疗拟被列为"十三五"健康保障发展问题研究的重大专项之一。

王磊表示，对阿斯利康而言，将"精准医学"作为战略重点，一方面有助于加速自主药物研发，另一方面可以加快公司与基因检测等诊断企业的合作步伐，尽早实践跨行业的创新业务模式。

在阿斯利康所有产品线中，肿瘤药物是最为适合先行尝试"精准医学"理念的领域。阿斯利康首个利用基因检测，为患者提供精准靶向治疗的药物是治疗非小细胞肺癌的易瑞沙。2010年CFDA批准易瑞沙用于EGFR突变的非小细胞肺癌患者的一线治疗，也是最早在中国获得一线EGFR突变非小细胞肺癌适应证的靶向药物。王磊特别强调，这项药物的获批上市凝聚了吴一龙等中国科学家的杰出贡献。至今，我国已有超过100家医院建立了EGFR基因突变检测的平台，能精准筛查出适用易瑞沙的患者。

在肿瘤领域，阿斯利康将主要集中于肺癌、乳腺癌、卵巢癌及血液肿瘤这四大疾病领域的研究，在中国同时关注胃癌、肝癌、前列腺癌等肿瘤的研究，并将药物的研发重点专注在肿瘤的免疫逃逸机制、肿瘤驱动基因及其耐药机制、DNA损伤修复机制和螯合细胞毒药物的肿瘤特异性抗体技术这四大领域。

据介绍，阿斯利康目前在精准治疗方面的药物，包括一些靶向治疗药物和免疫肿瘤治疗药物等，其中治疗卵巢癌的Olaparib已在去年及今年年初在美国及欧洲上市。美国FDA已经把治疗非小细胞肺癌的AZD9291列入快速审批通道，预计今年年底会在美国最先上市。AZD9291在中国的临床研究也有望在今年第三季度获得临床试验批件正式启动。

2　双赢式"下沉"

在此次访谈中，"下沉"二字是王磊反复向丁香园提到的词语。在阿斯利康尝试并全面实施这一战略，与王磊幼时的一段经历有关。小时候他是一名哮喘患者，还一度被误诊为支气管炎。病发的时候，妈妈抱着他在深夜坐两个小时的公共汽车到大医院治疗的情景一直深深地铭刻在他的脑海里。

他说："现在的独生子女哮喘发作，治疗时一天两次，连续三天，基本上需要全家总动员，经济成本和时间成本的损耗都是相当惊人的，而且仍有大量病患未满足的需求。因此，我有一个愿景，希望中国雾化中心的数量能够与肯德基一样多，不但大医院能够配备，以后争取做到社区医院也有。"

的确，哮喘患者迫切需要一个能就近提供专业治疗的雾化室，而一些二线城市的医院也需要以提供高水平的医疗服务来留住患者，再加上阿斯利康在哮喘领域有着别家难以企及的优势，于是，一个全方位照顾患者和医院需求的商业逻辑就这样产生了。

毫不意外，这项创新很快带来了双赢的效果。除了能够满足患者与医院的强烈需求外，项目启动的第一年，阿斯利康的呼吸产品便经由雾化室的方式，迅速下沉到县市级，迅速推开了广阔市场的大门。王磊也凭借此项目，一举夺得阿斯利康国际区大奖。第二年，该项目更上层楼，帮助他赢得了阿斯利康全球总裁奖。

截至目前，阿斯利康共投放了2.7万台设备，每天有上万名儿童接受急性哮喘的治疗。

王磊告诉丁香园，随着国家分级诊疗速度加快，做好做强社区医院和县级医院的政策导向越来越成为趋势。对于曾经集中力气布局大城市的阿斯利康而言，如何将"下沉"战略更好更快地全面开展？依靠医药代表的"地推"，会带来人力成本上升的问题，况且短时间内也难以找到足够合适的人选，因此亟须借助互联网的力量来弥补销售覆盖不足的地方。此外，为了促进阿斯利康与互联网的接轨，公司特别成立了以IT部门副总裁为首的Digital、Device以及Diagnosis创新委员会。

王磊期望能够与丁香园平台更紧密地合作，并与即将开业的"丁香诊所"一道探索实施"下沉"战略的空间。

3 全力支持中国医生

"阿斯利康在华各项战略的实施离不开中国医生的帮助和支持，易瑞沙的上市正是阿斯利康全力支持中国医生开展临床科研所结出的硕果。"王磊说道。

早在1994年，阿斯利康就支持举办了中国医生参与的第一个国际多中心临床研究——HOT研究。近3年，阿斯利康更是支持开展了40多项心血管疾病的研究项目。中国在临床基础设施建设、临床数据生成与临床证据积累方面仍有很大提升空间。从研究数量来看，中国的临床研究仅占全球的9%。其中，来自中国的文献发表仅占到国际顶尖期刊的1%。

正是看到其中的差距和上升空间，阿斯利康已与中国多家顶尖研究机构达成合作共识，鼓励中国医生积极发现国人未满足的医疗需求，帮助他们就此开展临床科研。

就在不久前，阿斯利康与国家心血管中心达成合作共识，于2015-2017年开展为期3年的合作项目，着眼于为心血管临床医生搭建高质量的临床研究培训平台，提高中国心血管的临床科研水平，降低心血管疾病给患者带来的健康威胁，以此践行阿斯利康"患者至上"的企业责任。

另外，阿斯利康与天津医科大学、上海生命科学研究院及深圳大学医学部等研发机构亦达成了多个领域的合作协议。

王磊告诉丁香园，随着公司"下沉"战略的实施，针对基层医生的培训也在同步进行。

中国是世界上糖尿病患者最多的国家，目前，中国政府已将糖尿病列为长期的医疗重大挑战。同时，2014年的政府工作报告中指出，将通过健全分级诊疗制度，加强全科医生的培养来进一步建立完善的医疗机构，并帮助改善慢性病患者的生活。

王磊表示：针对这种情况，世界健康基金会和阿斯利康一起启动了为期3年的"社区糖尿病全程管理适宜技术培训项目"，将糖尿病教育、诊断及治疗下沉到社区，对医生及护士提供全面培训。据了解，该项目将在天津等多个试点省市开展，培养糖尿病教育、诊断及治疗方面的基础管理能力，以帮助填补疾病教育和长期管理之间的空缺。

据介绍，在此后的3年内，项目将分别在相关的试点省市开展，每年为相关医护骨干提供为期两天的理论课程，并提供为期3个月的进修实习机会。这些课程将包括全程的糖尿病教育、血糖监测、口服及注射降糖药的使用指导和糖尿病管理方案，以更有效地预防和治疗糖尿病相关并发症。此外，该项目也将在试点省市，以社区为单位，首年筛查30 000名高危人群，并在随后的两年中对其中部分糖尿病高危人群进行追踪管理。

除糖尿病之外，阿斯利康在心血管基层医生的培训与支持方面也着墨颇多。2015年7月25日，由中国老年保健医学研究会发起并得到国家卫生计生委支持的"加强基层心血管病防控能力"项目在京宣布正式启动。该项目获得了阿斯利康的全力支持，旨在以实践行动响应国家卫计委加速推进建立分级诊疗体系的号召和心血管疾病预防关口前移、卫生战略下沉的战略转变，将覆盖全国23个城市1 000余家社区及二级医院，并在部分医院建立慢性心血管疾病患者管理平台及转诊部、升级基层医院心血管检验设备、构建中国心血管疾病患者数据平台、组织区域专家研讨会与经验交流会、进行心血管防治患者教育等，以此推动我国心血管疾病分级诊疗的建立。

王磊还表示，为了更好地践行"患者至上"的企业理念，阿斯利康将继续支持中国的广大医生，帮助他们提升救治患者、管理疾病的水平。

2015年，由中国红十字基金会发起，阿斯利康中国支持的"心拯救"暨急性心肌梗死急救一包药公益捐赠项目在贵阳正式启动，该项目旨在帮助医生提高急性心梗在临床上的救治率和生存率，为广大急性心梗患者造福。阿斯利康还积极携手医生共同探索慢性病全程防治管理服务模式以及慢性病诊疗全程管理的理念，联合中国初级卫生保健基金会于7月9日在北京共同启动了"爱随心达——糖尿病患者援助项目"。希望在帮助更多2型糖尿病患者获得更好的治疗机会以外，增强医护人员慢性病教育、诊断及治疗方面的疾病管理能力。此外，阿斯利康还开展了一系列无偿捐赠援助药品的项目，例如芙仕德慈善捐助项目，帮助减轻患者经济负担。

　　"在今后一段时间，阿斯利康将从充分理解医生和患者需求的角度，促进疾病治疗与管理的规范化，促成行业标准的建立，并从中建立公司的核心竞争力。"王磊说道。

设计：李栋

责任编辑：高燕萍

首发于：2015年9月

1993 年进入中国的萌蒂是国内目前唯一一家专业研发生产和推广镇痛药的跨国企业

让中国患者无痛

"23年来，萌蒂见证了中国疼痛事业从无到有的发展历程，不仅为中国带来了创新的止痛药物和技术，还带来了国际止痛治疗的前沿理念。这个过程中，'让中国患者无痛'始终是萌蒂的目标和使命。"

  据《中国肿瘤登记年报》报道，全国每天新增癌症患者12 000名，即平均每1分钟就有新增患者8人，其中61.6%的癌症患者会有疼痛。然而，曾几何时，医生和患者面对疼痛的应对之策却只有一个字——"忍"。1993年，全球最大的专注于疼痛治疗的企业，萌蒂公司进入中国市场，是目前国内唯一一家专业研发生产和推广镇痛药的跨国企业。23年来，萌蒂见证了中国疼痛事业从无到有的发展历程，不仅为中国带来了创新的止痛药物和技术，还带来了国际止痛治疗的前沿理念。在这个过程中，萌蒂一直秉持"以患者为核心"的理念，同时支持政府和学协会，不断深耕疼痛领域，只因"让中国患者无痛"是其矢志不渝的目标和使命。

致力于"让中国患者无痛"

1　中国疼痛治疗的领跑者

倡导"癌痛无须忍"

  现代疼痛医学的进展使得人们深刻认识到，使患者免受疼痛折磨已经成为国家医药管理政策和医疗水平的标志之一，这也是尊重生命、体现人性、维护人权和国家文明的标志之一。一个国家医用吗啡的消耗量是世界卫生组织衡量国家疼痛控制状况的重要标志之一。在萌蒂进入中国之前，中国疼痛治疗一直缺乏高效、便利的口服药，大多依赖于例如杜冷丁、吗啡等针剂，不良反应大，且易成瘾。

  1993年，萌蒂公司作为全球最大的疼痛专业治疗企业进入中国。1994年，第一个止痛产品硫酸吗啡缓释片在中国上市，它有一个美丽的名字，叫"美施康定"。对此，曾有患者这样形象地描述："美丽的西施唱着康定情歌，让我们不再疼痛。"2004年，凝聚了全球最先进技术的奥施康定产品在中国上市。2011年，萌蒂公司在北京投资建立了国内最大的专业麻醉和精神药品生产工厂。此后，若思本、奥诺美为代表的新型止痛药相继在中国上市，不断地为中国疼痛患者带来福音。

23年来，萌蒂见证了中国疼痛事业从无到有的发展历程，萌蒂中国也迅速壮大，迄今为止在中国已经拥有1 500多名员工，业务分布于全国300多个城市。萌蒂中国工厂单班片剂年产能达到1亿片，在中国癌痛领域的市场份额达到60%。对此，王忠林先生的评价是："萌蒂在中国的发展经历了曲折的历程，但是最终成功地迈进了一大步，在整个疼痛治疗领域，尤其是癌痛方面，我们是当之无愧的领导者！"

在很多人看来，癌痛治疗是晚期患者的事，而王忠林先生告诉丁香园，实际上癌痛治疗贯穿着癌症治疗的全程，不仅是晚期癌症患者需要，如果在早期能够对于癌痛进行有效管理，可以帮助癌症患者树立信心，对于有效的抗癌治疗具有重要的积极意义。正如中国工程院院士孙燕所说，癌痛治疗做好了，癌症治疗就可以"满盘皆活"。

王忠林先生坦言："虽然这项事业在推进中会遇到困难，遇到阻力，但是只要是有益于患者的，我们都会投入百分之百的热情！我们鼓励公司的每个员工都把患者当成自己的亲人，用自己的微薄之力帮助他们建立正确的镇痛认识，为市场提供最好的药品，我们也会同时收获幸福和成就感。"

2　源自医生基因

做中国癌痛继续教育的先行者

萌蒂为中国不仅带来了创新的止痛药物和技术，还带来了国际止痛治疗的前沿理念。萌蒂公司的创始人Sackler(赛克勒)兄弟出身医学世家，而且都是神经病理学的专家。医生基因决定了萌蒂对医生始终倾注了深刻的关爱。多年来，萌蒂一直在默默地支持推进中国癌痛领域的继续教育，这也是让医生出身的王忠林先生感到特别骄傲的地方。

23年来，萌蒂中国自始至终、不遗余力地协助开展多种形式的癌痛规范化治疗教育，并得到了业内好评。在原卫生部、中国临床肿瘤学会(CSCO)的倡导下，萌蒂中国参与支持了2011年"癌痛规范化治疗病房(GPM-Wards)"项目，这一项目被《中国医学论坛报》评为"2012年中国临床肿瘤学年度进展的全年事件"，并给予高度肯定："为中国肿瘤临床实践开创了一种新的模式，是中国疼痛治疗领域的里程碑事件。"

萌蒂不仅是癌痛继续教育的先行者，还是这方面积极的创新者，在提升医生学术能力方面，它注重形式和内容的创新。始于2010年的"萌蒂空中课堂"项目，利用多渠道、多媒体的手段为医生提供权威学术内容，迄今为止，覆盖人数超过6.4万人次以及全国6 200多家医院。

癌症的特殊性决定了癌痛管理主要的执行地点多在社区医院。为此，萌蒂公司协助中国抗癌协会癌症康复与姑息治疗专业委员会(CRPC)面向基层医生群体，积极输送专业的培训，计划在未来三年的时间里，为基层医务人员提供多达300场癌痛治疗的培训课程。王忠林先生表示，我们将积极响应国家分级诊疗制度，不遗余力地将视角转向社区医院；今后，也希望借助有影响力的第三方数字化平台，为更多的医生带去规范化的疼痛治疗和管理理念。

3　癌痛治疗社会责任的承担者

一切以患者为核心

提升癌痛管理质量除了医生，还需要患者和全社会的正确认知和支持。中日友好医院疼痛科主任樊碧发教授曾指出："谈到癌痛治疗，有相当一部分患者存在不同程度的认识误区和治疗顾虑。有的认为，癌痛无须特别治疗；有的过于担心不良反应。"

在这一方面，萌蒂通过支持中国抗癌协会印制《疼痛患者教育手册》，与CRPC合作开通"疼痛患者热线""空中课堂"等多种形式和渠道，为患者提供疼痛知识普及教育和专业咨询。今年4月，在全国肿瘤防治宣传周前夕，由中国健康教育中心、国家卫计委新闻中心指导，萌蒂支持，国家卫生计生委合理用药专家委员会、中国临床肿瘤学会、中国医院协会等7家学协会协办，全国9家知名肿瘤医院参与的"蔚蓝丝带关爱癌痛患者"大型公益活动的启动仪式在北京顺利召开。该活动预计为期3年，为患者提供专业咨询，帮助他们正确认识癌痛、消除误区，为基层医务人员提供专业的癌痛治疗培训，同时，还将通过组织媒体与专家面对面交流的活动，提高公众对于癌痛患者的关注与支持。

此外，萌蒂还建立了"萌动爱心"癌痛患者贫困家庭援助基金，为来自贫困家庭的癌症患者送出了实实在在的爱心支持。

4　市场需求促拓展

主疼痛、重合规的长远发展之计

良好的发展氛围和庞大的市场需求，使得中国市场成为全球关注的热点，萌蒂也不例外，其在中国的关注领域正在不断拓展，产品线正从疼痛领域拓展到健康消费品领域，未来还将涵盖肿瘤及支持疗法、呼吸系统，以及专业护理等非处方药领域。对此，王忠林先生表示："我们将努力与不同的公司进行合作，使产品变得更加多样化。不过疼痛产品永远是我们的立足之本。未来萌蒂还将对中国市场不断进行投资，我对于萌蒂在中国的高速发展充满了信心。"

在瞬息万变的社会和商业环境中，萌蒂中国始终坚守自己的企业原则。王忠林先生在访谈中多次提到了合规。他告诉丁香园，萌蒂视合规为企业发展的生命线。萌蒂不仅严格遵从中国的法律、法规，还拥有自己严格的审核制度，此外，每年还会接受来自英国的独立合规团队的合规审核。王忠林先生认为，"只有坚持合规，企业才能发展长久，才能走得更远。"

"疼痛不仅仅是一个症状，其实也是一种病，是病，就需要治疗。"萌蒂大中华区总经理王忠林先生自己就是一位疼痛治疗理念的积极宣传者，访谈开始，他便开宗明义地道出了萌蒂中国始终致力的"让中国患者无痛"的目标。"每当我亲眼看到那些癌痛患者遭受疼痛的时候，我心中就会升起强烈的使命感以及社会责任感。我告诉自己，必须做点什么来帮助他们。"在访谈结束时，王忠林先生说了这样一句话。而这不仅是他，也是全体萌蒂人的目标和使命之所在。

设计：李栋

责任编辑：高燕萍

首发于：2016年4月

益普生的创新之路已经走过近90年的时间，患者需求始终是不变的关键词

以患者需求为创新之源

用马克·德·伽利戴乐的话来说，从患者的需求中寻找创新种子和发展动力已经深深融入到益普生的公司文化当中。

随着韩国文化在亚洲的流行，"思密达"这个在韩语中常见的语气助词成为万千粉丝嘴边时常蹦出来的口头禅。然而，在中文语境里，它还是一种常用药物的名字。这款久负盛誉至今仍畅销不衰的药物最早由法国药企益普生研发成功并推向市场。不久前，丁香园对益普生集团董事长兼CEO马克·德·伽利戴乐先生Marc de Garidel及益普生中国主席布安瑞先生Eric Bouteiller进行了访谈，他们在访谈中提出的一系列的观点与看法令人清晰地感受到，益普生开展创新的一切出发点和落脚点都是基于患者需求，同时这也是这家药企不断前进发展的动力所在。

以患者需求为创新之源

1 患者需求催生思密达

益普生创建于1929年，创始人是法国药剂师亨利·博福博士。在创业伊始，益普生的主要产品是基于植物浸提物的药物。借助基于迷迭香的治疗消化疾病的药物，益普生不断发展壮大，其产品不但行销法国，而且还远销至世界各地。

第二次世界大战后，恶劣的卫生条件导致了感染性疾病的流行，其中尤以腹泻最为严重，这种疾病的致死率也一路走高。亨利·博福博士敏锐地体察到患者在这方面的需求，遂与法国科学院的研究者合作开展了相关研究，并联合发现了黏土的治疗潜力。

时至20世纪60年代，益普生研究团队已经对各种类型的黏土展开了系统的研究，从中发现了一系列治疗胃肠道疾病的药品，思密达正是从这类药物中脱颖而出，它利用了蒙脱石的叶状结构和高黏性的特点，服用后可有效黏附于胃肠道黏膜上，形成均匀的保护层，有助于保护其免受刺激，减轻疼痛。

1975年，思密达正式在法国上市，并迅速成为一种广受欢迎的药物，销售遍及欧洲、中东、巴西、俄罗斯和中国等地。据布安瑞补充透露，2014年，思密达仅在中国的销量就达到2 000万盒。

2 OTx战略驱动益普生驶入蓝海

当前，我国人口的年龄结构发生了巨大变化，年轻人口在总人口中的比例下降，这意味着以人口抚养比的止降反升为标志的老龄化拐点已经到来。马克·德·伽利戴乐告诉丁香园，与之同向而行的是，中国的医疗花费越来越大，医保的负担也愈加沉重。这使得医保部门会将有限的资源用于重大疾病的防治。因此，在治疗一般的常见病时，医保机构和保险公司更加倾向于推动患者更多地使用价格更便宜的仿制药而非品牌原研药。这一变化令益普生的在华发展战略既面临挑战，也面临机会。

仿制药的竞争使得一些品牌药失去了价格优势，但历经数十年的市场培育与声誉积累，思密达在各个主要市场拥有着强大的品牌优势。在与之相关的调研中，患者亦会主动选择思密达这类具有良好美誉度的双跨产品。因此，为迎合消费者的这类需求，益普生正在尝试增加药店渠道的营销力度，以打开药店市场。这样一来，患者便可经由药店渠道，更加方便地购买高质量的药品。

不少人将益普生的OTx模式视之为一种营销，对此，马克·德·伽利戴乐强调，OTx模式实际上是一种基于患者需求的增量创新，同时也是一种以患者为核心的商业模式。实践OTx模式并非仅仅将思密达简单地放在药店中出售，益普生为此还有针对性地开发适合患者自行服用的新剂型和全新的给药方式。例如，口味因素对儿童服药的依从性影响很大，益普生为此特地对思密达进行了调整，这对于儿童给药是一个相当大的帮助。此外，益普生还在开发思密达的口服液剂型，方便患者在没有水的情况下直接服用。

益普生计划在法国、中国、俄罗斯等主要市场，以思密达为突破口进行OTx模式的尝试，将来还会纳入更多安全可靠、适应证明确的全科药品，争取今后不断有新的全科药品进入到OTx模式中。

不过，马克·德·伽利戴乐表示，OTx模式的全面落地并非一帆风顺。药店与医院表面上看虽然都是渠道的一种，但二者实质完全不同。接下来，益普生需要尽快在药店渠道主动出击零售市场。目前，公司正在考虑针对药店渠道的业务创建一个新的运营模式系统和更有效的价值链，并继续与一些连锁药店形成品牌共建的合作伙伴关系，争取在胃肠道零售市场奠定领航员的主动地位。

3　全科与专科两条腿走路

在访谈中，马克·德·伽利戴乐提到，益普生计划到2020年实现18亿~20亿欧元的销售额，并使其核心营运利润率超过26%。为实现这一战略，益普生需要全科药物和专科药物齐头并进才行。

目前，在益普生的营收报表中，专科产品占总销售额的77%，余下23%由全科产品贡献。在专科领域，醋酸兰瑞肽及其在美国和欧洲一些地区上市的新一代产品是推动益普生业绩迭创新高的重要引擎。该药物在欧洲市场占有率非常高，而且仍旧在增长。新一代的醋酸兰瑞肽是目前被美国FDA批准的用于治疗不能切除、分化良好或中度分化、局部晚期或转移性胃肠胰神经内分泌肿瘤(GEP-NET)患者，以改善无进展生存期的长效生长抑素类似物。这个产品在美国虽然上市时间不长，但表现出了很强的竞争力。

已在欧洲主要国家上市的A型肉毒杆菌素，是益普生集团在专科领域为业绩增长贡献良多的另一个重点产品。该药品在欧洲市场居于领导地位，不仅可用于美容除皱，并且还可用于缓解肌肉痉挛，并已获得美国FDA上市批准。

马克·德·伽利戴乐告诉丁香园，益普生在新药研发上的投入比例很可观，目前将研发聚焦于创新的技术平台——肽类和毒素平台的开发。此外，公司在一些罕见疾病的治疗(如肢端肥大症的治疗)方面也取得了很多成果。

益普生的专科药物战略还十分重视通过并购和授权许可来获得潜力药物。据介绍，益普生最近完成了对德国制药公司OctreoPharm的并购。后者专长于放射性药物的研发，旗下在研的产品可以像制导导弹那样，将放射性药物准确地递送到神经内分泌肿瘤的病灶处。二者强强联合之后，将为益普生在神经内分泌瘤领域的领先地位进一步夯实基础。马克·德·伽利戴乐告诉丁香园，在2016年度欧洲神经内分泌肿瘤大会上，益普生不仅仅是发表医学文献最多的公司，而且被公认为是这一领域的领袖公司。

4　在挑战与变化中寻求创新

谈及中国市场，马克·德·伽利戴乐指出，中国目前是全球第二大市场，未来也将是益普生的重要市场。从战略上看，益普生在中国的战略与全球是一致的，但增长幅度仍然有很大的空间。在未来10年，益普生会继续在中国市场投资，扩大规模以及招聘更多的员工。

不过，马克·德·伽利戴乐表示，中国市场仍有不少挑战有待益普生一一攻克。在中国，新一轮医改正在推进当中，在他看来，亟待完善的药品审批和招标制度对公司业务均有不小的影响。

不断变化中的中国医药市场涌现了很多新现象，他特别提到，中国同事向其介绍了一个手机应用程序，能够帮助用户在最短的时间找到附近的药店买到他所需要的药物。这些都给他以很大的启发。事实上，益普生对于利用数字化和信息化的手段服务患者，也有过很深入的探索。集团总部已经招聘了一位首席信息官和10位高级信息技术专家，以使他个人以及公司上下能够及时了解到如何利用新的数字化技术帮助集团寻找帮助患者解决问题的机会。

时至今日，益普生的创新之路已经走过近90年的时间，期间的发展战略无论作何选择，"患者需求"始终是其中的关键词。用马克·德·伽利戴乐的话来说，从患者的需求中寻找创新种子和发展动力已经深深地融入益普生的公司文化当中。

设计：李栋

责任编辑：高燕萍

首发于：2016年4月

用创新产品和服务践行

生命·健造可能 *life. to the fullest.*

" 雅培是一家为人们提供全方位支持的全球化领先医疗保健公司。在这其中，雅培诊断业务不断推动检验医学的发展，用创新产品和服务，帮助人们在生命各阶段更健康地生活，开启生命全部潜能。"

　　谈及雅培，普通中国老百姓对这家公司当家产品的认知是呵护宝贝健康成长的雅培婴幼儿奶粉；但如果站在医生的视角，雅培则是一家为人们提供全方位支持的全球化领先医疗保健公司。在这其中，雅培诊断业务的贡献可谓居功至伟。在雅培诊断业务副总裁、中国区总经理林日昇看来，雅培一以贯之的"Life. to the fullest. 生命·健造可能"不仅是公司文化的集中体现，同时也是旗下各个业务线的创新产品与创新服务不断成长的最佳动力。

用创新产品和服务践行"生命·健造可能"

1　致力于改善全球健康

　　如今，拥有近130年历史的雅培是一家专注生命健康的多元化跨国医疗保健公司，业务涉及营养品、医疗器械、诊断及药品等多个领域，共有74 000名雅培员工遍布全球150多个国家和地区，致力于改善全球健康。

　　林日昇向丁香园介绍说，雅培于1888年在美国芝加哥起家时是一家制药公司，随着业务的不断扩大，管理层意识到很多疾病需要准确的诊断，方能进行下一步的治疗，因此诊断业务便自然而然地成为雅培不可或缺的一部分。自20世纪60年代末期开始，起步于核医学和放射免疫测定的雅培诊断，逐渐成为体外诊断技术的领导者，并接连创造了首个用于肝炎检测的放射免疫检测法、发明首个检测血液中艾滋病毒抗体的试剂等里程碑。

　　如今，作为驱动雅培不断前行的四架马车之一，雅培诊断已是全球诊断领域的领先者之一，主要专注于疾病的早期发现、诊断、治疗监测全过程，并为实验室提供前处理、自动化、生化、免疫、血液学和信息化产品等完整解决方案。2015年，雅培诊断业务的全球服务收入达到了46亿美元，且在新兴市场和发达市场均获得高于市场平均水平的增长幅度。取得这样的成绩，在林日昇看来，首先应归功于雅培诊断致力于改善全球健康的愿景。

众所周知，诊断产品和技术在临床中十分关键。据不完全统计，临床上约70%的决策有赖于实验室的检测结果。与之相形对照的是，实验室检测所需费用仅占医疗总支出的5%。这一对比凸显出诊断检验的高性价比和巨大的潜在价值。林日昇强调，从这个角度讲，雅培诊断不断推出能够解决临床问题的创新产品，不但可令医生做出更准确的医疗决策，并帮助患者尽早康复，而且雅培自身也能成为三赢中的一方，更以自己的努力实践来保障更多人的健康。

举例而言，雅培的全自动化解决方案——ACCCELERATOR a3600和ACCELERATOR p540能够帮助医生更快获得检测结果；在分子诊断方面，雅培提供的系列产品，能够帮助医生对症下药；在紧急时刻，雅培的床旁监护系统可以做血液学和基本的生化检测，仅需一两分钟就可提供准确报告，帮助医生迅速了解患者情况，这些都是雅培连接到医生和患者的平台。此外，雅培还通过医生教育、举办科学论坛，利用包括丁香园等网络平台，向临床医生传递新的诊断方法，帮助他们更好地服务患者。

与此同时，针对患者和大众，雅培也开展了许多宣传推广工作，提升人们对疾病的认知和健康意识。以雅培诊断在全球占有率最高的业务血液筛查为例，全球超过60%的血站都是雅培用户。在林日昇看来，这项业务并不单单只是生意，更多的还是责任。林日昇表示："除了保障血液供应的安全，我们做了许多关于呼吁献血的推广工作。在很多国家，包括中国都碰到一个问题——献血者的数量不够。因而雅培全球和足球巨星C·罗纳尔多有个跨界合作，希望借用他的形象和号召力来吸引年轻人进行无偿献血。"

此外，林日昇认为，诊断技术和产品所起的作用不仅仅是在疾病的诊断，同时还是为每个人生命健康保驾护航的重要手段之一。"这就回归到了雅培的企业理念——Life. to the fullest. 生命·健造可能，如何更好更健康地活下去，我相信诊断可以提供一个手段。比如，我们每个人都可以通过做一些常规的检查，确保身体健康，预知预防疾病。"

2　产品创新成就更佳服务

在采访中，林日昇总经理告诉丁香园，近年来，雅培诊断在保持既有优势的同时，仍不断在分子诊断、床边快速诊断等领域推出具有划时代意义的创新产品，并根据中国市场陆续推出了不少新技术和新产品。

地区发展不平衡是时下中国的一个显著特征，就医疗行业而言，既有设备先进、医术一流的大型综合医院和医疗中心，同时也存在大量规模较小的医疗机构。对于实验室诊断，前者的需求是检测水平的高通量与数据整合，后者则侧重检测设备的性价比与维护成本。

面对这一复杂情况，林日昇表示，这些医疗机构虽然处于发展的不同阶段，但它们面对的都是患者，因此雅培需要开展创新服务满足这些医疗机构的不同需求。对于大型医院的需求，林日昇回忆起多年前，他在一家三甲医院看到，一位患者为了完成诊断检测，需要排4次队，抽4管血。这意味着患者的数据整合存在相当大的缺陷。如何将这些不同来源的数据整合在一起，用于疾病的诊断，这令医生非常头痛。

林日昇表示，用户痛点即是需求所在，雅培开展创新服务的出发点正是基于此。目前，雅培诊断正在推出一个名为"AlinIQ"的信息化平台，能够全面地把所有的不同平台检测到的数据整合起来，尤其可贵的是，AlinIQ不单单整合雅培诊断设备得到的数据，也可以把来自友商的数据库整合起来。与此同时，AlinIQ还扮演着"数据枢纽"的角色，不仅能对患者的诊断数据进行多维度的分析，而且可以进行数据跟踪与监控并生成报告，有助于医生极为简便地关注到患者每一个指标的变化情况。

林日昇特别提到，AlinIQ有一个商业智能(Business Intelligence)模块，能够根据数据帮助客户进行针对性分析。如果一家医院有10个实验室，AlnIQ可以帮它排列、对比10个实验室的工作量、效率及质控水平。在以前，这些对比报告需要一个月才能整理完成，而今，这些都实时地展现在用户面前。

如果再进一步深入，这些数据可以上传到云端，实现不同医院之间的对比与共享，乃至数据之间的互相认证。也就是说，患者在一家医院看病，如果之前在其他医院做过检查有相应的报告，那么新看病医院的医生就可立即去查看，避免重复检查。这些看似属于未来的场景，雅培诊断现在已经做好了数据储备。目前，中国政府正在推动区域检验中心和影像中心的落地，相信在不久的将来，这些技术很快就会有用武之地。

林日昇还告诉丁香园，对于小型医疗机构，设备维护的效率则是硬需求，机器停工则意味着无法服务患者。这就需要雅培诊断的售后服务团队能及时赶到现场。但在中国这样的大国，短时间内完成售后团队的全覆盖目前仍较为困难。

基于这一痛点，雅培诊断推出了远程诊断和分析的手段，工程师可以利用网络即时响应客户的需求，以最大限度地减少停机时间。下一步，雅培还将建立智能中心，利用中心收集到的数据，做到防患于未然，提前侦测机器需要进行何种维护，以尽量避免停机问题的发生。

这一系列卓越产品和服务的背后，承载着雅培为帮助人们实现更好、更健康生活，不断追求创新所付出的努力。林日昇向丁香园介绍说，大约两年前，雅培诊断在上海张江成立了研发中心。该中心现已拥有20余名研发科学家。该中心成立的目的是测试和研发专门针对中国市场情况的诊断产品。目前，研发中心不单单做雅培技术研发的项目，同时也开始和本地科研机构和企业开展深入合作(如九强生物等)，分享有效结合先进科技与创新产品的经验。

对于检验医学的价值，国际临床化学和实验室医学联盟(IFCC)主席比斯特尔博士曾经有一个非常精辟的"SCIENCE"解释，即标准化/统一化(S)、临床有效(C)、创新性(I)、循证实践(E)、新的应用(N)、成本效益(C)、持续教育(E)。"雅培的'Life. to the fullest. 生命·健造可能'也拥有同样的内涵，我们将继续秉承理念这一理念，不断推动检验医学的发展，帮助人们在生命各阶段更健康地生活，开启生命全部潜能。"林日昇如是说道。

设计：李栋
责任编辑：高燕萍
首发于：2016年5月

用划时代的产品彰显
生命·健造可能 *life. to the fullest.*

❝ 健康是生命无限可能的起点，一家致力于改善人们健康的公司离不开划时代的产品为生命创造无限可能。雅培十分期待瞬感血糖监测系统这一革命性技术成果早日引入中国，让更多中国糖尿病患者享受到创新技术带来的成果，拥有健康的体魄，创造生命无限可能。❞

在雅培中国大陆及香港地区糖尿病产品业务总经理康永瀚(John Collings)的办公室里，悬挂着一幅画。画的主题是一位绽放着温暖微笑的小女孩，而在小女孩的身旁则是雅培的企业理念："Life. to the fullest. 生命·健造可能"。康永瀚解释说，之所以挂这样一幅画，意在时刻提醒自己，雅培开展任何业务的出发点都是为了帮助人们改善健康状况。他认为，就自己负责的糖尿病业务而言，只有通过造福人们的划时代的产品方能彰显"Life. to the fullest. 生命·健造可能"。

用划时代的产品彰显"生命·健造可能"

1 健康是生命无限可能的起点

很多人都知道，雅培是由华莱士·雅培医生于1888年在芝加哥创办的，但鲜为人知的是，在创业伊始，雅培医生就将自己的药厂命名为"People's Drug Store"。从这一点即可看出，在雅培诞生之初，改善人的健康就已刻在这家公司的基因深处。

康永瀚告诉丁香园，从那时起，雅培就已确立了专注于医疗保健事业的发展道路，目前雅培的业务发展呈现多元化的态势，从整体来说，这些业务均是为人们提供覆盖其生命各个阶段的健康解决方案。

康永瀚特别提到，"健康"二字在中国人的心目中分量尤其重。前不久，由雅培发起的"活出精彩人生"全球大调查结果刚刚公布。这项调查旨在与消费者建立更紧密的联结和互动，让更多的人了解雅培及其"生命·健造可能"

的企业核心理念，践行健康的生活方式，共同创造更多生命可能。调查结果显示，在来自世界各地近200万受访者中，中国人将"健康"看得最为重要。有多达20%的中国受访者将"健康"视为"活出精彩人生"的首要因素。

这一点与雅培的理念尤为契合，康永瀚表示，雅培认为健康是一切生命成就的起点。在这一过程中，雅培付出了无限的努力。在雅培看来，人类的健康是对他们最大的肯定，而公众的关注与赞赏是雅培持续发展的动力。在雅培不断的前行道路上，雅培将会努力带给消费者更多的关爱，令公众通过雅培的产品和服务体验到更多痊愈与健康的美好感受。

2　全面发力，为生命健造可能

在相当一部分国人心目中，健康是人生的头等大事。然而，中国人面临的健康挑战也不容忽视。仅以糖尿病为例，目前，中国有超过1.096亿糖尿病患者，人数居全球首位，预计到2035年，患者总数将上升至1.507亿人。

面对急剧扩大的患者群体，中国的糖尿病规范化管理水平仍处于相对滞后的阶段。据一项针对中国29个省份5 953名糖尿病患者的调查显示，并未按照临床推荐进行血糖监测的患者高达81%；在接受胰岛素治疗的患者中，甚至还有33%的患者不会进行血糖监测。由于血糖监测是糖尿病管理不可缺失的关键一环，患者的自我监测依从性差已成为中国糖尿病管理的主要障碍之一。

对于患者而言，如果想要实现很好地管理血糖水平和疾病，就必须经常做检测。康永瀚向丁香园介绍说，研究表明，坚持血糖监测有助于患者降低糖尿病并发症的风险，对疾病和生活方式的管理具有重要的指导意义。然而，血糖监测也是最易被患者忽视的环节，这给广大患者的长期健康带来了巨大隐患。

由于现有设备的局限，坚持血糖水平监测意味着必须忍受监测手段带来的痛苦。对于较瘦的患者，指尖采血是一件令人相当痛苦的事情，遇到不易出血的情形时，不仅需要反复扎针，而且还要用力按手指才能采到足够的血量。

此外，患者教育不足也是限制有效血糖监测的重要因素，康永瀚说，雅培糖尿病业务有责任帮助患者对糖尿病建立更好的认知。2015年11月14日"世界糖尿病日"期间，雅培举办了大型教育活动，邀请当地专家对患者进行教育。同时，雅培和中华医学会糖尿病分会共同开展"呵护生命，携手同行"全国Ⅰ型糖尿病患者关爱项目；并和中国医师协会开展战略合作，启动"血糖监测现状专项调研"，以发现医生和患者在糖尿病管理方面未被满足的切实需求。

康永瀚表示，雅培一方面通过调研等手段深入体察了解医患需求，制订最贴合本土需要的解决方案；另一方面，也努力加速引进全球领先的创新技术，让前沿科技造福于更多的中国糖尿病患者。

3　划时代产品帮助实践雅培愿景

康永瀚强调，雅培始终致力于为中国糖尿病患者提供最前沿的医疗解决方案。谈及产品，他更是如数家珍："仅在2015年，雅培糖尿病业务部门就已在中国成功上市三项新技术。这其中，FreeStyle Precision Pro 是雅培专为医院使用设计的一款联网血糖监测系统。它能够快速监测患者血糖浓度，同时所测得的数据能够无线连接到医院或者实验室的信息系统，令医生对患者的状态有清晰的认识。另外，这款产品精准度非常高，试纸采用特别的独立铝箔包装。早前进行的临床研究显示，FreeStyle Precision Pro 能够帮助医院减少浪费，节约成本，有效降低交叉污染的风险。"

康永瀚始终坚信，一家致力于改善人们健康的公司离不开划时代的产品为生命创造的无限可能。在雅培的糖尿病业务部门现有的血糖仪产品中，他对瞬感血糖监测系统(FreeStyle Libre Flash)寄予了最多的期望。

众所周知，传统血糖监测技术的局限性是指尖取血非常疼痛，且获得的信息数据以及对数据的解读非常有限。这不仅限制了患者对血糖水平和糖尿病发展情况的完整了解，也限制了医生获得足够的数据来作出准确的治疗决定。

瞬感血糖监测系统由传感器和扫描检测仪两部分组成，传感器大小与两欧元硬币相若，通过一个长5 mm、宽0.4 mm的微型针头和小胶贴固定于上臂外侧，可实时监测血糖水平，且具备防水功能，持续佩戴时间长达14天。

将配套的手持扫描仪置于传感器上方，即可在一秒钟内扫描获得血糖测试结果。扫描过程也可以隔着衣服进行，阅读器中的血糖数据可保留90天。每一次扫描可获得当前的血糖数值、8小时的历史数据和血糖走向信息3项数据。整个扫描过程无痛，患者和医生可根据需要多次检测血糖水平，并以血糖数据为基础，制定患者的饮食计划和治疗策略。

与此同时，与这款血糖监测系统相配套的还有一个名为Libre Link的手机应用软件。患者可以免费下载并安装这款应用软件，扫描血糖读数后即可将数据上传至云端。这样就有助于医生和患者更容易追溯历史数据。

康永瀚透露，雅培瞬感血糖监测系统已于2014年率先在欧洲上市，迄今已有数以万计的患者受益于这一革命性技术。他表示，目前，雅培正在与中国药监部门保持密切沟通，同时与中国知名内分泌医生合作开展相关临床研究，他十分期待能将瞬感血糖监测技术早日引入中国，让更多中国患者享受到创新技术带来的成果，拥有健康的体魄，创造生命无限可能。

设计：李栋

责任编辑：高燕萍

首发于：2016年5月

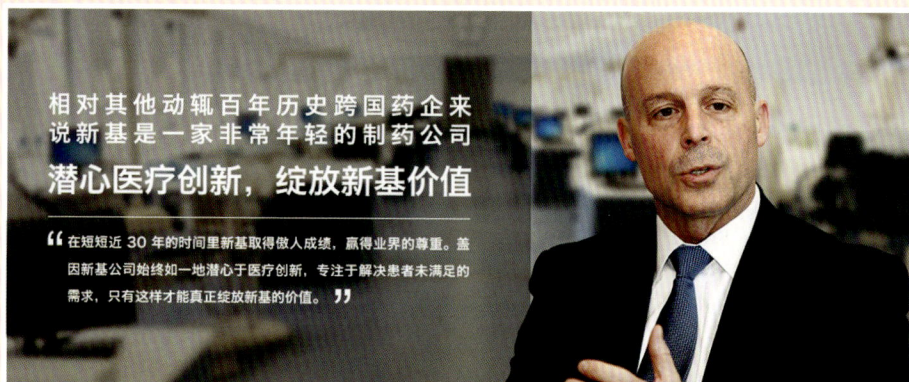

相对其他动辄百年历史跨国药企来说新基是一家非常年轻的制药公司

潜心医疗创新，绽放新基价值

" 在短短近 30 年的时间里新基取得傲人成绩，赢得业界的尊重。盖因新基公司始终如一地潜心于医疗创新，专注于解决患者未满足的需求，只有这样才能真正绽放新基的价值。"

  进入中国的跨国药企大多历史悠久，但有这样的一家全球性生物制药公司，在短短30年的时间中即发展为在全球拥有约7 000名员工，50多个国家有运营机构，2014年全球销售额为76亿美金的行业领头羊，这家公司便是新基(Celgene)。不久前，新基新任CEO安思铭接受了丁香园的采访。在他看来，新基之所以能取得这些成绩，赢得业界的尊重，盖因公司始终如一地潜心于医疗创新，专注于解决患者未满足的需求，只有这样才能真正绽放新基的价值。

潜心医疗创新，绽放新基价值

1　专注医疗创新

  和其他跨国药企动辄百年的历史相比，新基其实是一家非常年轻的制药公司。它的前身是一家名为Celanese的石化公司下辖的生物技术部门，于1986年拆分独立发展。起家之初，整个公司仅有25个人，在最早的几年，新基主要从事化学、生物以及医药行业。经过几年的探索，公司结合自身优势与行业趋势，选择将医药和生物技术领域作为未来发展的主要目标。

  然而，这一选择的发展并非一帆风顺。安思铭告诉丁香园，在这段旅程有许多意想不到的挫折，公司曾遭遇多场危机，直接威胁到商业战略、愿景乃至未来。最终，新基认为，要想走向成功，就要改变处事方法，敢于冒险，并从失败中汲取教训，以及最重要的一点——"利用突破性科技和以患者为核心的医疗创新来开创我们的未来"。

  安思铭说道："在新基成立的最初17年，公司一直没有盈利，但专注医疗创新这一点始终未曾改变。面临资金不足时，我们努力借款筹资；面临人才紧缺时，我们开展全球招募；需要分销系统来确保患者用药安全时，我们从无到有地自己建立。最终，随着我们不断学习和持续开展癌症、免疫疾病及炎性疾病方面的研究，转折点终于到来。不过医学创新之路没有终点，我们仍在发现，仍在进步，孜孜以求为全球患者提供新型疗法，改善他们的生存状态。"

在新基的努力之下，新基的首个产品Thalomid于1998年7月获得FDA批准上市，用于中度到重度麻风结节性红斑(ENL)皮肤表现的急性治疗以及用于预防控制ENL皮肤表现复发的维持治疗，并又于2006年获批治疗多发性骨髓瘤。以此为基石，新基持续坚持着行业内的高研发投入水准，致力于对创新疗法的不断探索和研发。

来那度胺是新基开发的新一代抗肿瘤药，主要用于治疗骨髓增生异常综合征和多发性骨髓瘤。2005年12月27日，FDA通过快速审批程序批准新基研制的来那度胺胶囊上市。2006年6月29日，FDA批准来那度胺联合地塞米松用于治疗预先接受过至少一种治疗的多发性骨髓瘤患者。2013年6月22日，来那度胺在中国顺利上市。另外，美国FDA和欧盟EMA分别在2015年2月17日和2015年2月20日相继扩展了来那度胺的治疗适应证——和地塞米松联合使用作为一线用药治疗多发性骨髓瘤。来那度胺在中国的顺利上市意味着，在中国，让多发性骨髓瘤成为一种长期可控的慢性疾病有了实现的真切可能。

据悉，2015年来那度胺的销售额达到58亿美元，较上年同期增长了16%。而新基预测，该药物2016年的销售增长可达到15%，而且预计这一增长势头将会持续到2020年。这一系列数字凸显来那度胺已经取得了全球范围内医生和患者的广泛认可。

安思铭告诉丁香园，新基通过持续的投入与研发，已为多发性骨髓瘤、特定类型的白血病、乳腺癌、肺癌、胰腺癌以及各种炎性疾病找到了新型重要疗法。目前，新基已有7款上市产品，涵盖肿瘤和抗炎领域，包括来那度胺、Abraxane(白蛋白结合型紫杉醇)、Pomalyst、Istodax、Otezla、Vidaza和Thalomid。其中，前三款药物在当前及未来较长一段时间能够为公司成长提供持续的推动力。

新基的研发线上还拥有一系列令人兴奋且富有前景的候选药物，目前正在大力推进18项临床Ⅲ期试验，涉及大量疾病。目前公司已经确认了大约50种独特的高潜力的"首创新药"或"同类最优"化合物，可用于治疗大约100种不同的适应证。极大地填补了未被满足的医疗需求。

2　开放与合作

药物研发是一项耗时靡烦、充满了未知风险的工作，想要在研发之路上继续砥砺前行，开放与合作是应有之义。事实上，合作与竞争并存已经成为近年来制药业界一道亮丽的风景。

安思铭告诉丁香园，新基能有今天的产品阵列与体量，一方面建立在强大的自主研发实力之上，另一方面同公司一直秉持开放与合作的态度息息相关。比如，新基的拳头产品之一Abraxane就是通过2010年并购美国阿博利斯生物科学公司(Abraxis)而纳入麾下的。

纵观新基并购与合作的对象，依然瞄准癌症与炎性疾病两个主要的方向。业界公认，上述两个领域充满着未解决的医疗需求与庞大的商业机会。在这些领域的医学创新不但能纾解患者的痛苦，还能给整个社会带来很多溢出价值。

2015年7月14日，新基正式宣布以72亿美元收购Receptos，旨在进一步加强炎性疾病产品线。通过此次收购，新基获得了Receptos最重要的在研药物Ozanimod(RPC1063)。据了解，该药用于复发性多发性硬化症的临床研究已经进入到末期，而且Ozanimod用于溃疡性结肠炎和克罗恩病均有很大的潜力。

在肿瘤领域，新基与朱诺治疗公司(Juno Therapeutics)就后者的CAR-T疗法所签订的高达10亿美元的预付许可协议亦吸睛无数。该合作协议不仅涵盖金额创生物技术业界历史新高，而且时间长达10年，凸显新基期望在这一领域长线深耕的决心与耐心。

谈及中国市场，履新两个月即来中国访问的安思铭尤为看重。他认为，推动新基产品逐次进入中国，不但是在履行"改善患者生存状态"的承诺，而且与中国医生合作开展临床研究，也令新基产品能够在世界范围内激烈竞跑中赢得先机。以来那度胺为例，从2009年开始，新基就已同中华医学会血液学分会及北京、上海和广州的数家顶级医院合作开展了相关临床研究，这些研究结果为来那度胺在中国的顺利上市提供了重要的研究实证，而且在下一步的适应证扩展方面也取得了非常大的积极进展。

据安思铭透露，自成立以来，新基就尤为重视与行业伙伴开展一系列广泛而深入的合作。从初创生物制药公司到大型跨国药企，从患者权益组织到上下游研发机构，只要能够帮助新基实现"潜心医疗创新，改善患者生存状态"的愿景，均可作为合作对象。他特别提到："中国在药物创新方面有很大的潜力，与中国公司展开相关合作非常令人兴奋。实际上，在此次访华行程中，我会同这样一些公司进行会谈。期待在未来能够有更多机会展开合作。"

3 助力中国迎接挑战

在人口老龄化的背景下，如不采取有力措施，有限的健保预算与日益增长的医疗需求之间的缺口会愈来愈大。安思铭表示，这些问题是世界许多国家都在面临的挑战，中国面临的压力尤其巨大。所幸的是，中国政府已经意识到这一挑战，并开始将医疗保健置于重要的位置。新基愿以医疗创新为抓手，与中国政府和人民共同面对这些挑战。

他认为，中国食品与药品监督管理局(简称CFDA)近一段时间推行的一系列改革令人赞赏。这些措施有助于减少申请积压，加速审批，鼓励创新并提高中国的药物质量、安全性和有效性。通过这些改革，CFDA有机会建立一个令中国患者切实受益的监管框架，使其更快地获得世界各地许多其他患者所享有的挽救生命的突破性疗法。对于企业而言，这些措施有助于培育更加强大的创新制药行业，使中国公司以及在中国开展业务的跨国公司变得更加具有竞争力。

不过，安思铭同时认为，药品注册批准应该以对产品安全性、疗效和质量控制的全面审查为基础，将药品监管批准与否同其市场价格相关联的做法与全球主要监管机构——包括美国食品药品监督管理局(FDA)、欧洲药品管理局(EMA)和日本医药品医疗机器综合机构(PMDA)——所采取的方式不同。

对于知识产权，安思铭强调，强有力的保护是促进创新生态系统蓬勃发展的重要元素。没有强大的保护措施保护知识产权，创新就会失去激励因素，连带也使患者丧失了获得新疗法的机会。

另外，政府还应当努力创建可及且合理的报销政策，以培养可以良性循环的科研环境，允许必要的投资回报来为新一代药物持续投资。因为对医疗保健的投入不仅仅是预算支出，同时也是一项对人、经济和社会的投资。随着中国人口持续老龄化，投资医疗事业不仅将带来更高的生产力，还会带来更好的生活品质。

在采访的最后，安思铭希望，在中国开始执行其第十三个五年计划之际，能与中国的相关方面通力合作，共同创建并促进医疗创新的良好环境，使新基引以为傲的创新产品能尽早惠及中国患者。

设计：李栋
责任编辑：黄杰
首发于：2016年6月

创新产品引入中国的速度也将大大加快。不久前，艾滋病药物特威凯已获批在中国上市，在不远的将来，宫颈癌疫苗亦有可能造福中国人民。季海威透露，对于前者，如果政府有意更新HIV免费药品治疗目录，GSK非常愿意本着以价格准入的原则，与相关部门进行积极磋商。除了上述产品之外，GSK还有计划实施技术转让，帮助中国自主生产高质量的疫苗，以应对严峻的公共卫生挑战。

季海威表示："GSK不但有计划将旗下丰富的产品陆续引入中国，而且后续新药上市将越来越和全球同步。在以往，登陆中国的创新药物往往是已上市很久的药物，而今天，我们将比以往更加接近国际市场。"

此外，为了能使中国患者尽快得到GSK研发的创新药物，今年GSK宣布在北京成立传染病和公共卫生研究所，该研究所是GSK在华最新的研发投入，主要就抗生素耐药和传染病这两大健康威胁进行针对性研究，并计划在未来三年投资超过2 000万英镑，所研发新药将首先在中国递交新药审批申请。

对于药品专利保护的变革，GSK也有很大动作。据报道，GSK在发展程度最低的国家和低收入国家，不会申请药品专利，允许这些国家的同类厂商生产同类药物。在中低收入的国家，GSK会申请10年专利保护，但会颁发许可证允许同类药品生产。该策略或可通过促进经济增长的方式助力这些国家走出中低收入的现状。由于中国属于G20国家，此举暂时不能使中国患者受益，但这一专利分级保护措施再一次表明，价格与可及性的平衡已经成为GSK全球战略的重要组成部分。

3 以患者为中心，革故鼎新商业模式

在此次访谈中，季海威同丁香园谈到了GSK对"以患者为中心"的理解。对于GSK而言，"以患者为中心"不仅仅是指"关注患者个体，做对患者和客户正确的事情"，同时意味着公司的商业模式也需要以此为基础不断进化。

2013年12月，GSK决定对原来的薪酬制度进行根本性变革，取消医药代表的个人销售指标。也就是说，医药代表的薪酬不再与产品的销量挂钩，而是与其向医生传递医学专业知识的质量相关。这一决定使GSK成为制药企业中首个，也是唯一将医药代表的销售奖金和销售业绩脱钩的公司。

季海威告诉丁香园，在旧有模式下，医药企业销售人员的收入高低很大程度上取决于销售目标的完成程度。然而，在这样的条件下，"以患者为中心"几乎就变成一项不可能完成的任务。因此，在制药行业能让"以患者为中心"落地的唯一做法就是切断销售业绩与经济激励之间的联系。如果不这样做，我们无法保证自己的决策都是基于患者的最佳利益。

据悉，在GSK的新模式下，薪酬体系和考核体系会把重点考核指标集中在是否将专业知识传达给医疗保健人士，是否帮助他们更好地诊断、治疗患者上

来。季海威期望，GSK的销售代表在向医生演示药品信息时，要准确地传达药品的益处和潜在的副作用，帮助医生作出有利于患者最大利益的正确决定。

同时，季海威还表示，我们非常注重聆听客户的反馈意见，并将继续加大资助高质量的医学教育的力度，包括向医疗保健专业人士提供独立的医学教育项目。"这种方式将更透明，使更多病患从中受益。"在此过程中，GSK将确保教育项目的独立性，不对其具体实施进行干预，让医疗保健专业人士了解医学的最新发展。据了解，GSK在早些时候已宣布，将在未来五年内投入600万英镑支持在中国开展公共卫生项目，其中400万英镑将用于支持基层全科医生的培训。目前已经先行启动的继续医学教育项目包括中国基层全科医生呼吸系统疾病慢性阻塞性肺病培训和乙型肝炎诊疗培训项目等。

在当下的医药生态圈中，GSK的做法可谓独树一帜，但模式转型给GSK业绩带来的压力是现实的，公开资料显示，2013-2015年上半年，GSK在中国的业绩持续处于下滑状态。面对这些压力，GSK的新商业模式能否坚持下去呢？季海威对此意志坚定并且信心十足："可能有人会说，这一步过于超前，但没人批评GSK方向有误。GSK在过去收获了很多经验与教训，我们需要在此基础上作出根本的改变，以变成一个更好更强大的公司。在我看来，如果只是声称'以患者为中心'，但又没有根本性的改变，那恐怕很难实现真正的落地。"

在政策面与经济面的叠加作用下，当下的中国医药市场正面临前所未有之变局。对于一些有前瞻性眼光的制药企业来说，随变局而来的并不仅仅是挑战。如果能主动求变，抢先布局，反而能为企业挖掘出弯道超车，继而引领行业发展的大量机遇。季海威认为，在如今的医药生态圈，仅凭制药公司唱独角戏，是无法可持续发展的。只有引入政府、保险公司、医学社区和高科技公司等多个"物种"，方能令这一生态圈良性发展。

在中国医药市场布下的新棋局中，GSK选择了更加"开辟新路"的走法，其中的压力不言而喻。论及这些，季海威笃定地说："我们愿意迎接这样的挑战。对于GSK而言，不单单要把事情做好，更重要的是要把事情做对。"

设计：李栋
责任编辑：黄杰
首发于：2016年6月

第二部分
前行者访谈

客户的需求和体验，是礼来信息技术创新的发展方向和源动力

Go Where the Customers Go

❝ 如果我们的客户已经选择了数字化的模式和渠道，那我们一定会在那里。❞

自1993年重返中国以来，礼来制药积极拓展在华业务，将全球领先的药品和治疗方法引入中国，为中国的医生和患者创造更大的价值。在这一过程中，信息技术在礼来公司的业务发展和运营中起到了关键的作用。礼来公司之所以能够在创新和数字化的大潮中始终保持行业领先，"Go Where the Customers Go"，这一内在的企业文化基因是核心的推动力量。在本文中，礼来大中华区及韩国市场IT副总裁及CIO白柳晨Charlie Bai先生将分享他对这一文化基因的理解，以及礼来在信息技术管理和创新方面的愿景、实践和人才发展观。

让信息技术驱动制药企业的业务模式创新

1 信息技术在礼来公司中的战略价值

作为一家以创新为核心理念的全球领先制药企业，在139年的发展历程中，礼来在药品研发、生产、物流、销售、市场等各个领域都在不断探索"创新"的协作流程，从而为医生和患者带来更多的价值。在这个过程中，信息技术作为推动企业业务模式创新的关键力量，在礼来公司中扮演着日渐重要的角色。并且，为了不断适应新市场环境下企业的业务发展需求，信息技术本身也在进行着不断的创新和发展。这种动态和双向的发展理念，已成为礼来信息技术管理的核心内涵。

"礼来十分重视信息技术的价值和应用。对于IT(信息技术)团队来讲，我们始终将三个关键词作为我们的工作目标：Productivity(生产力)、Control(控制)和Enabler(推动者)。这三个目标在不同的时代和市场环境下，会有不同的具体内涵，IT团队要做的，就是在深入理解企业业务发展需求的前提下，伴随内外部环境的变化，始终保持这三个目标的领先性和可执行性。"作为礼来大中华区及韩国市场的IT副总裁和CIO，Charlie Bai(白柳晨)让我们更为清晰地了解了礼来公司IT部门的工作目标和核心职责。

在Charlie看来，企业整体生产力的提高，需要对业务链条中不同的因素进行有效的协同，并且能够形成对具体执行流程的有效发展和优化。而要实现这一目标，通过信息技术帮助公司实现协作流程的落地就显得尤为关键。而且在深化执行的过程中，信息技术的管理者还需要不断从已有业务流程的反馈数据中，以及外部环境的变化中积极发现可以进一步优化的契机。业务链条中的不同因素时刻都在发展和变化，信息技术的创新也需要如影随形。

发展和变化的过程中，不确定性和风险往往也一同产生了。在这个过程中，如何确保公司内部合规等关键原则的有效执行，并规避潜在的风险，成了IT团队必须要去考虑的问题。尤其在当前数字化的发展大潮下，如何确保企业数字化资产的安全性和信息的合规性，更是保障企业健康发展的关键。

当然，在规避风险的过程中，IT部门要做的不是单纯的放弃，而是睿智的选择——我们需要在外部环境的变化中和各业务团队一起，帮助公司找到客户关注和期望的方向，并通过信息技术所创造和驱动的新的客户互动模式，去尝试创新和变革，目标是给客户提供更好的服务和体验，最终为患者带来更好的治疗成效。尤其在当前数字化大潮席卷整个中国制药行业的背景下，通过信息技术所带来的创新应用，帮助企业在变革的市场环境中快速形成新的竞争优势，将显得更为重要。

2　行业创新者的理念与步伐

市场的发展和变化，总是能够为那些敏锐和持续保持创新的企业带来机会。在今天的中国医疗市场中，数字化正在作为一个拥有深远影响力的变革因素，推动着行业创新者脱颖而出，形成新的竞争格局。

谈到这一发展趋势，Charlie的一句话回答了我们所有的问题。"Go where the Customers go. 如果我们的客户已经选择了数字化的模式和渠道，那我们一定会在那里。"

Charlie回答的背后，其实正是礼来"以客户为中心"的公司创新发展理念。作为公司创新的推动者，IT部门会同市场部、医学部等相关部门合作，持续观察客户对信息的需求和偏好的发展动态。这其中包括客户获取信息的渠道，所接受信息类型的偏好，以及接受信息的频率和时机等因素。基于这些情报信息，IT部门会去思考什么样的创新模式和发展节奏将能够不仅满足企业当前的业务发展需要，还能够让企业与客户的互动保持长期的竞争力，从而对信息技术的应用作出选择。为此，建立强大的数据平台和分析能力也成为IT的另一个工作重心，在创新发展中起到了举足轻重的作用。

在创新项目尚处于早期的阶段，创新不必局限于现有的流程管控，甚至在稳定性、流程完善性等方面可以不同于一般的成熟IT项目要求。我们希望建立一套更敏捷的创新体系，去真正推动创新的发展，满足其对速度的要求，避免因为流程限制创新的发展。

为了让信息技术创新能够在中国市场中形成持续的发展动力，并且完全融入中国市场中的特有因素，礼来在大连创建了全球信息技术创新中心。创新中心通过对市场和客户的研究，深入分析广泛的行业数据和技术发展趋势，对最新的行业应用技术进行选择和尝试，从而保持企业在数字化创新中的领先性。同时将Usability(用户可用性)的测试和优化作为其核心能力，在此后列举的很多面向客户的应用中起到了重要的作用。

礼来在2013年推出了"糖尿病心天地"———一款为糖尿病患者的健康管理精心打造的移动应用软件。这款移动应用遵循权威的"五驾马车"理论，提供各种相应功能来帮助糖尿病患者规范用药，管理饮食及运动，并融入了家庭成员互相关心的用药提醒功能，从而帮助患者全面的管理健康。这是在公司创新机制的环境下，由礼来的IT团队、市场团队以及医学等团队的同事共同研发的综合性解决方案。"糖尿病心天地"移动应用的用户现已突破35万人。

创新中心还帮助礼来能够更为深入地分析和了解中国医生群体的应用需求和体验，从而让创新能够更加深入到企业业务的终端实践之中。在这一方面，礼来IT团队全面发力所构建的"爱医生(iDoctor)"等丰富的数字化平台和应用，就是致力于帮助中国医生以更为便捷和及时的方式，获取有价值的专业学术内容和相关信息服务的创新实践。

与此同时，礼来正在以开放的态度与行业的各领域合作伙伴，建立面向医生和患者服务的交流平台。礼来与丁香园的战略合作，就是基于这一理念开展的战略计划。

在礼来与丁香园的战略合作中，双方共同开放和投入了更多的核心资源，为特定领域的医生群体提供高价值、高质量的学术资源支持，帮助医生用户了解和掌握领先的医学信息和治疗方法。与此同时，借助丁香园强大的学术互动平台和数据分析能力，双方也对医生用户在不同信息渠道中的体验，以及互动效率进行持续的优化和提高。与传统的学术互动模式相比，这一战略合作更注重数据的分析和价值挖掘，从而在合规和有效的模式下，构建"精准—多渠道—闭环"的创新营销体系，实现医生—礼来—丁香园的三方共赢。

3　信息技术创新背后的IT团队管理创新

从最初用信息技术提升产品数量和生产效率的商业模式，到如今对用户的关注，IT的创新与企业的发展战略密不可分。Charlie认为："谈到业务模式转型，最关键的三个组成部分是People(人)、Process(流程)、Technology(技术)。这其中Technology的比重越来越大，并且数字化已成为当前技术转型过程中最大的亮点。在数字化的潮流中，要求IT人从'后台'的角色逐步走到'前台'，更好地为客户提供有效的服务。"

为了更深入地理解业务，并有效支持业务的发展，Charlie对IT团队的职能划分也做了相应的部署。为了支持市场和销售团队，IT团队内部设置了Business Engagement(业务伙伴)角色。这些同事专注在对业务需求的深刻理解层面，促进创新技术在公司内部的发展，对投资和价值有效性的评估，致力于提供全面有效的IT综合解决方案。为了让所有确定的方案能够高效地落地，确保整个项目的交付质量，IT部门设置了Solution Delivery(解决方案实施)角色，专注于方案的细化、实施和交付，从而在实际应用中获得应有的效果和质量。同时，团队里还设置了创新角色，应用双模(Bimodal)机制和简化流程，以满足创新的需求和对速度的要求。

角色的变化，对IT团队中的人员提出了更高的要求。对于人才的发展策略，Charlie给出了他的观点："真正适合企业的复合型人才，很多时候是需要我们自己用心培养出来的。"礼来的企业文化和IT团队内部和谐的工作氛围，让成员们保持畅通的交流和协作，为团队提供行业新技术知识的学习机会，以及对创新项目实施的支持和适当的激励制度，让团队的视野与行业发展的步伐一致，并且能随时直面迎接挑战。

"从响应式的IT支持转变为主动式的IT服务，这是互联网创新模式下团队管理的重要思维转变。"Charlie Bai说道。

设计：李栋
责任编辑：高燕萍
首发于：2015年10月

在国际制药领域，诺和诺德是一个标新立异的存在

业成于精专，功在于求变

" 广大患者未被满足的医疗需求是推动诺和诺德不断前行的动力。"

在国际制药领域，诺和诺德是一个标新立异的存在。相对于其他制药企业多样的产品研发线，诺和诺德自始至终保持着"死磕"糖尿病的姿态。迄今为止，世界上主要胰岛素制剂和先进的胰岛素给药系统绝大部分出自诺和诺德。可以说，诺和诺德的研发史同时也是人类利用胰岛素治疗糖尿病的历史。进入21世纪以来，诺和诺德在中国迎来了快速发展的阶段。其中，公司对中国市场恰当的战略定位及有效的策略实施功不可没。诺和诺德市场部副总裁陈军是这一历程的见证者，对此深有感触。在本文中，他将分享诺和诺德是如何主动求变，以应对不断变化的市场环境，同时满足中国患者持续增长的医疗需求。

业成于精专，功在于求变

1 专注成就非凡

自1989年诺德胰岛素实验室与诺和糖尿病治疗实验室合并以来，经过长期磨合与发展，诺和诺德如今已成为胰岛素生产和糖尿病护理领域的全球领军企业，同时公司也在血友病、生长激素治疗以及激素替代疗法等领域处于领先地位。

在陈军看来，这一成绩的取得既与糖尿病在全球持续高发的大背景相关，同时也是诺和诺德在糖尿病领域厚积薄发的结果。

20世纪90年代，陈军获得了美国普渡大学工业与物理制药博士学位。在经历了默沙东与麦肯锡的历练之后，2002年他在美国加入诺和诺德公司，开始了与诺和诺德的结缘之旅。在陈军2005年回到中国之前，他已经历过研发、生产、品牌、业务发展、战略等不同岗位的历练，对各个部门都有所了解，并迅速成熟起来。这为他后来助力诺和诺德在中国的发展打下了坚实的基础。

在访谈中，陈军向丁香园介绍，随着经济的发展、城市化进程、人口老龄化和生活饮食方式等的改变，糖尿病及其并发症在不断地增长，并造成了巨大的社会经济负担，已成为中国乃至全世界范围内一个亟待解决的公共卫生问题。2013年世界糖尿病患者人数已达到3.82亿(其中2型糖尿病约占90%)，预计到2030年将增加到5.52亿人。在中国，根据国际糖尿病联合会的最新数据，2014年糖尿病的患者数为9 629万人，居全球首位。

陈军特别提到，在中国的近亿患者中，由于患病早期很多人没有察觉症状，因此只有三分之一的人在接受治疗，三分之二的人根本没有接受治疗。而在前者中，又仅有三分之一的人实现了比较良好的控制。这其中蕴含了病患大量未满足的医疗需求，同时也为专注糖尿病领域90余年的诺和诺德在中国的快速发展带来了难得机遇。

公司进入中国20余年来，业务一直保持强劲增长态势。目前，诺和诺德的产品和服务遍及全国所有省、直辖市及港澳台地区。此外，诺和诺德还率先在中国设立研发中心，致力于和总部合作研发新产品及新生产工艺。同时还在天津投入大量资金和技术支持，建立国际化战略生产基地，向全球及中国市场供应用于糖尿病治疗的产品。

2　深入县级医院

《史记》有云："郡县治，天下安。"对于一家对中国有着长远承诺的跨国药企，诺和诺德选择下沉至基层，深入到市县是应有之义。尤其可贵的是，与不少药企近来才开始实质性下沉不同，诺和诺德对县级医院的耕耘已经启动了数年，如今几乎到了收获的时节。

陈军告诉丁香园，权威市场调研机构艾美仕统计了2014年县级市场对跨国药企中国区营收的贡献比例，诺和诺德为37%，高居榜首。

众所周知，三级医院历来是各大制药企业的兵家必争之地。凭借新药、原研药学术推广优势，制药巨头们在三级医院占据了较大市场份额。对于县级医院，由于其营销模式与一二线城市大医院市场的营销模式完全不同，起初大部分外企在探索这片蓝海时，态度谨慎，都在等待政策面的变化。

初入中国的诺和诺德也不例外，同样首先将产品切入到大城市的中心医院。由于专注于糖尿病领域，这一过程迅速完成，诺和诺德随即率先开始了将渠道下沉至中小城市及县级医院的步伐，而这一战略性决策恰好与国家新一轮医改方向不谋而合。

"早在2010年，诺和诺德中国市场部就成立了直接向我汇报的基层拓展部，并组织了专门针对县级医院的市场队伍。尽管公司在当时并没有成立单独开拓县级医院的销售队伍，但已开始借助已有的团队，进行了明确的分工。"陈军说道。

在我国，县医院在农村三级医疗卫生服务网络中处于龙头地位，是联系城乡医疗卫生机构的枢纽，正日益成为农村人口首次就诊和疾病管理的重要渠道。因此县级医院成为我国医改进程中优先建设和发展的对象，发展目标是使农村常见病、多发病、危急重症和部分疑难复杂疾病在县级医院能够得到有效解决。

截至目前，诺和诺德已经能够覆盖中国2 000多个县级行政单位的大部分。也就是说，在这些广阔市场中，大多数县的人民医院和中医院会有诺和诺德的代表定期拜访。除此之外，在一些沿海经济发达地区，大城市周边的乡镇医院也成为诺和诺德下沉策略的覆盖目标。

除了业务部门下沉到县级医院之外，诺和诺德的前瞻性还表现在对患者教育也做了相应的改变。

糖尿病是慢性病的一种，而且目前尚无治愈手段。这意味着，一旦病情确诊，糖尿病就有可能伴随患者一生，对疾病的管理也要一直持续下去。陈军表示，患者生活质量的好坏，不仅仅取决于专业人士的指导，患者对疾病的认知与管理也与之息息相关。

早在2001年，诺和诺德就成立了诺和关怀俱乐部，旨在对使用公司产品的患者进行教育。随着诺和诺德业务的扩展，俱乐部的成员已扩展至数十万人。这样的规模仅靠早前定期邮寄纸质疾病材料、在主要城市开展疾病科普教育和知识竞赛活动等方式，不仅难以满足俱乐部成员的需求，而且接下来试图覆盖中国四万多个乡镇，60多万个行政村更成了不可能完成的任务。

线下遇阻倒逼诺和诺德开始尝试利用创新的信息技术平台，通过数字化的方式开展患者教育。比如，诺和诺德越来越多地将以往纸质版本患教资料制作成多媒体。通过短视频的形式，借助社交媒体、门户网站以及医院电视等渠道，进行长期持续的传播和曝光。这样一来，不但传播效率几十倍的增加，而且成本也有大幅下降。

3　营造创新文化

在此次访谈中，陈军与丁香园多次谈到了利用新技术推动业务发展的话题。他强调，制药企业在研发新药时需要创新，开展市场业务时也需要创新求变的思维和文化。

在诺和诺德，学术会议、医药代表拜访和互联网传播是开展学术传播的三个重要抓手。陈军告诉丁香园，诺和诺德在评价学术会议的效果时，会利用很多量化的指标来衡量，比如听会者是谁？学术信息是否传达至听会者？传递方式的接受效果以及学术信息的接受程度如何？都会有相应的指标加以衡量，另外会议成本也是重要考量指标。通过这样的量化方式，诺和诺德可以评价得到哪些会议传播效果好，哪些相对较差，改进空间在哪里等重要信息。接下来，他希望未来能够通过微信平台创新学术会议管理新模式，并进一步提升会议的效率和质量。

对于医药代表，因为推广的厂家品牌诸多，而医生时间有限，因此代表与医生的沟通时间越来越短，甚至有些地方禁止医药代表与医生的接触。面对这种情况，陈军在市场部内探索如何利用线上手段，实现对医生受众的有效医学传播，维持企业的品牌和影响力。如今，诺和诺德陆续引入了多种基于互联网的创新性沟通方式，如代表使用的Ipad拜访工具，针对医生和护士教育的微信公众号等，这使得与医生的沟通成本更低、覆盖更广、效率更高。

陈军认为，处方药的营销正处于变革的前夜。从目前的趋势来看，线上与线下之间并不是谁取代谁的问题，而是如何将二者的优势相结合，发挥互补之效。陈军在采访中多次强调，诺和诺德在数字化营销方面各种积极尝试，归根结底是为了更好地促进业务发展。为了达成这一目标，诺和诺德在过去的几年里，一方面建立起自己的教育网站和微信公众号，另一方面也与丁香园等第三方平台联合推广，这些自有平台和第三方合作都收到了良好效果。

不过陈军也坦承，在诺和诺德成为业界领先者后，再推动创新求变并非没有阻力，但是对于领先者而言，不变是最大的危险。为了在企业内部推动创新，营造创新文化，诺和诺德会利用以点带面的方式，首先选取愿意积极尝试新鲜事物的人，而后公司再配给相应的资源。启动阶段，先从单个项目开始，一旦做出实效，立即开始推广，后续的改变就会自然而然地发生。以数字营销为例，他认为关键是要做实用项目，做出成效，这样才能吸引销售团队使用数字营销手段。

谈到诺和诺德进一步的市场规划时，陈军向丁香园透露，诺和诺德市场部首先将以拥抱创新求变的心态充分利用公司现有的资源，提高已有营销模式的效率；其次会密切关注政策面的变化以及市场面的走向；第三则是以更加开放的心态与行业伙伴展开合作，借此为双方创造更大的价值。

将这些愿景从纸面落到实处，需要持续的思考和强大的执行力，在被问及动力何在时，陈军并未讳言，他表示："广大患者未被满足的需求是推动自己和诺和诺德不断前行的有力支撑。"

设计：李栋
责任编辑：高燕萍
首发于：2015年10月

因势而变、创新一直是辉瑞发展壮大的关键词

大胆前瞻，勇敢前行

" 辉瑞医学部勇于利用新技术开展业务，尤其是互联网、云计算和移动医疗技术风起云涌的当下，更是为医学部的发展提供了广阔的空间。"

从传统视角看，相较销售和市场，制药企业的医学部往往扮演着"支持部门"的角色。然而，在这个外环境"医疗改革风云突起，科技进步引发跨界"、内环境"全球合规为先，营销模式求突破"的新医药时代，许多跨国药企开始不断寻找和挖掘新的业务模式及盈利点，旗下的医学部也在进行着自我革命，试图华丽转身以适应新的形势。谷成明博士带领的辉瑞中国医学事务团队，顺应此形势，开展了"别出机杼，别开生面"的突破与尝试，从医学的角度让患者获益。

大胆前瞻，勇敢前行

1 不止"生产"数据，还是数据的沟通者

目前来看，辉瑞中国医学部的工作主要分为两大块，一块是数据产生(Data Generation)，另一块则是数据沟通(Data Communication)。前者是指开展临床研究，最终形成论文与数据。过去的临床研究更多的是集中在药厂发起的上市后多中心临床研究、研究者发起的临床研究、各种观察性研究，成本高，费时久。而现在我们的研究则更侧重于真实世界研究，它是基于患者的病情和意愿实际发生的诊断和治疗，可对干预措施的有效性和安全性进行长期追踪和评价。同时，它还可对社保数据、社交媒体、可穿戴设备等数据集合起来进行研究。这类研究数据获取成本较低，涉及面也相当广。如何应用这类数据，对医学部而言是一个很大的挑战，当然也蕴含着丰富的机会。

数据产生后，还要有效地传递出去。谷博士介绍说："过去，药物信息和

学术信息都是通过药厂组织的学术活动或销售代表的拜访传递给医生。现在，不仅需要沟通的对象多了，沟通的渠道也拓宽了。沟通对象从1P(Physician)、(医生)变到6P、Physician(医生)、Patient(患者)、Pharmacist(药师)、Payer(支付者)、Policy maker(政策)及Public(公众)。沟通渠道则从单一渠道演变为多渠道，譬如我们的MCM项目(Multi-Channel Medical)即多渠道医学沟通，就是采用传统渠道与新渠道相结合、以个性化的订制式服务传递信息，使得条条道路通客户。"

据谷成明介绍，目前辉瑞中国医学团队承担的功能越来越多，内部分工越来越细。为了更好地推动公司业务发展，部门内部、跨部门乃至与上下游伙伴的融洽合作成为完成任务的先决条件。在未来，谁能更好地整合、协调和利用资源，谁就会拥有更强的领导力。

2　响应政策，顺势而为

辉瑞制药成立于1849年，在其160余年的发展历程中，经历了一次又一次的蝶变，最终从一家小型家族式化工企业演变为全世界最大的生物制药公司之一。这其中，因势而变、创新一直是辉瑞发展壮大的关键词。辉瑞中国医学部的血管里同样流淌着这样的血液。

谷成明认为，要懂得顺势而为。从政策层面来讲，要紧跟国家的远景规划，这样做短期看可能不会有太多回报，但从长远来看，却有利于公司的可持续发展。以辉瑞医学团队为例，"在我们开展每一个项目之前，都要想一想，这件事情是否符合国家的大政方针，是否符合业界的发展趋势，是否符合公司的策略"。

2014年8月，国家卫生计生委出台的《全面提升县级医院综合能力工作方案》绘制出县级医院综合能力提升路线图。方案提出了明确目标，即通过建设、培训、支援等方式，加强县级医院(含县医院和县中医医院)以人才、技术、重点专科为核心的能力建设。为了响应这一方案，辉瑞与国药控股展开合作，共同携手建立城乡对口支援机制，帮助县级医院提升其临床医疗能力，如建立起规范的"卒中单元"及"胸痛中心"、加强细菌耐药监测等，以提高对于脑卒中、急性心肌梗死、院内感染性疾病及其他县域常见病、多发病及危重病的院前处理、入院急救和院内规范处理等能力，从而提高县级医院的医疗质量和加强医疗安全风险管理。同时，也整合相关资源给予人员培训等方面的支持，帮助其为县域民众提供更优质的医疗服务。

事实上，下沉到县级医院能明显助推公司业务的开展。如今，城镇化建设的不断深入使得政府必须不断扩大医疗供给，这必将促进基层县域居民医疗需求的持续释放。可以预见，这些未满足的医疗需求中蕴含着推动中国医药行业快速增长的重要推手，也会给公司带来新的业务增长点。在采访中，谷成明特别补充道，紧跟政策切勿总采取被动姿态，有时也需要富有洞察力和前瞻性，即不仅要关注现今国家政策倡导的，也要看未来至少三五年内更远的事情，提前做好战略部署和准备。

3 利用新技术促进患者教育

医学部勇于利用新技术开展业务，尤其是在互联网、云计算和移动医疗技术风起云涌的当下，更是为医学部的发展提供了广阔的空间。谷成明告诉丁香园，移动医疗技术对于收集真实世界数据，开展药物临床研究有极大的助益作用。在药企与最终用户的连接方面，移动医疗具有得天独厚的优势。

在以往，药企主要通过医药代表拜访、学术期刊以及学术会议等渠道将产品信息传达至目标医生。但在移动医疗的时代，这些需求都可以通过网站、在线会议、邮件、App等来实现，而且相对线下的面对面拜访，移动医疗技术不仅覆盖面广，而且效率更高，更具可持续性。对于医生而言，移动技术同样益处多多。在中国，医疗资源与医疗需求的巨大落差几乎人人都体会得到。如果医生身边能有一个基于大数据的医疗决策辅助系统，相信诊疗的效率和准确率都会大大提高。

谷博士认为，之前药企一直把医生当成终端客户，一直在做医生的工作，可是真正用药的是患者，我们能不能把信息直接传递给患者？在这个互联网时代是可以做到的！所有人之间都可以互相联系，直接对话。事实上，他的想法与目前以医生为中心转向以患者为中心的趋势不谋而合。

为了顺应这一趋势，辉瑞医学部利用创新技术、新形式开展了很多针对患者的教育项目。举个例子，目前政府已将糖尿病和高血压列入慢病管理的目录中，但从医学角度讲，三高(一般指高血压、高血脂和高血糖)中只管两高，无法从根本上解决问题，最终依然会造成沉重的医疗负担，为此辉瑞与国家卫计委合作，面向全国患者展开了胆固醇教育项目，呼吁大众澄清对血脂异常的认知误区，有效管理"坏胆固醇"(低密度脂蛋白胆固醇)，提高血管健康水平，遏制中国心脑血管疾病发生率和死亡率逐年上升的趋势，推动我国心脑血管疾病死亡率"拐点"的早日到来。

登高才可望远，前瞻方能纵横。身处在这个不断变化的澎湃时代，谷成明对医学部有很高的期许。在销售驱动、市场驱动逐渐演化为学术驱动的当下，他期待医学团队能够顺应潮流，大胆前瞻，勇敢前行，发挥医学的重要力量。

设计：李栋
责任编辑：高燕萍
首发于：2015年10月

辉瑞中国业务技术部是一个旨在满足公司业务技术需求的支持性团队

为推动公司业务而创新

" 只有将协同共赢为出发点和落脚点，才能获得业务部门的支持，最终得到更多的创新资源，从而进入良性循环的状态。"

　　与新药研发的漫长周期相比，中国医药市场的变化可谓日新月异。如何在这一快速变化的市场中发展壮大，满足广大患者日益增长的医疗需求，是所有参与者热切关注的焦点话题，辉瑞同样不例外。其中，为整个公司构建IT基础设施的业务技术部面临着尤其多的考验。日前，丁香园与辉瑞中国业务技术部总监Wilson Wei(韦昕)进行了交流采访。在这篇访谈中，您将了解到，辉瑞中国的业务技术部力求在前瞻性地深入了解业务需求的基础上，顺应趋势变化，着力解决公司痛点，并高效支持业务伙伴。把辉瑞的业务技术团队锻造成为业界最优秀的IT团队之一。

以推动公司业务前进为己任

1　以变化应对变化

　　有着160多年历史的辉瑞制药是医药卫生领域世界最大和最受推崇的公司之一。辉瑞为人类及动物健康探索、研发、生产和推广各种领先的处方药以及许多世界驰名的消费产品，产品行销全球150多个国家和地区。可以说，在"成为卓越的创新型生物制药公司"的道路上，辉瑞一直在向"不断创新为患者带来能显著改善其健康的药物"的目标前进。

　　自20世纪80年代进入中国市场以来，辉瑞致力于促进中国经济的发展和提高中国人民的健康水平。在大量提供丰富创新产品的同时，公司还长期与中国的学术机构以及政府部门等通力合作，支持中国健康事业的快速发展。截至目前，辉瑞已向中国引入50余种创新药物，业务遍布全国300多个城市，取得了抗感染和心血管药物市场排名第一的优秀成绩。此外，辉瑞在中国设有4家先进的生产设施，累计投资近10亿美元，在上海张江高科技园区和武汉光谷建有全球领先的研发中心，超10 000名员工分布于业务、研发和生产等领域。

如今，在中国医药市场剧烈变化的大背景下，辉瑞也在闪转腾挪，以顺应趋势的变化，更好地满足中国患者的医疗需求。

在信息匮乏的年代，制药企业在开展患者教育时，曾经也依靠过广告轰炸、明星效应等单向推广健康信息给消费者。但随着个人电脑、手机等信息终端的高度普及，互联网时时就在身边，这种填鸭式的信息传递方式已经日渐失去了市场。据统计，2014年中国有近四成人口拥有智能手机，他们每天花在智能手机上的平均时间达到3个小时。患者越来越倾向于以网络作为接收健康信息的媒介。这一改变给制药企业开展患者教育带来了新的挑战。

患者开始拥抱互联网，医生同样是如此。尽管学术会议和医药代表拜访依然是药企传递产品信息的重要渠道，但后者花在互联网上的时间越来越多。以中国最大的医学网站丁香园为例，多渠道的数据表明，医生更加喜欢通过互联网获取信息，进行学术交流，展开科研合作。丁香园旗下开发的一系列手机应用和微信公众号吸纳的用户和粉丝数量在迅速增长，并受到广泛欢迎。

在这样的大环境下，医疗行业价值链上的每个环节都会受到影响，包括对患者的诊疗和管理方式、医生的工作方式和医院的运营模式、药品和医疗器械的供应和使用方式，以及保险机构的产品结构和服务方式等。面对这样的改变，辉瑞也在主动求变。尽管自身体量巨大，但为了实现公司的愿景和目标，以改变应对改变是唯一可行之策。

2　为推动公司业务而创新

从辉瑞中国对业务技术部的定位来看，这是一个旨在满足公司业务技术需求的支持性团队，其主要任务是在了解公司业务目标的基础上，以非技术语言诠释技术，保证技术的价值准确和真实地体现，成为设计和提供公司业务解决方案的思想先驱。

Wilson告诉丁香园，辉瑞致力于运用创新的科学技术以及全球资源来改善每个生命阶段的健康和福祉。公司的目标是不断创新为患者带来能显著改善其健康的药物。这个目标字面上虽然与业务技术部没有什么直接关系，但由于互联网和数字化在推动公司业务前进的过程中扮演的角色越来越重要，这使得IT部门自然而然地参与到这一进程中去。比如，在患者教育、健康知识传播、产品信息的传达等方面的具体实践，业务技术部都会在公司的战略目标和愿景的基础上，充分发挥自身长处和优势积极地参与。

Wilson表示，仅2014年，辉瑞全球就进行了1 600多个(类)手机和互联网数字化实践，目前全球由业务技术部门管理的可复用的数字化资产超过

2 500个，虽然互联网渠道与传统的渠道并无本质区别，但很多业务在这些应用的帮助下，灵活性和有效性的确都有了很大进步。以微信为例，尽管旧有的书信，乃至鸡毛信都能够传递信息，但相较微信的便捷、实时及其承载内容的丰富性，就相差很多量级了。

不过，在Wilson看来，在制药企业开展数字化创新应当秉承有所为有所不为的原则。所谓有所为是指，业务技术部门在开展创新时，应着眼于推动公司业务，在深入体察业务部门的需求和行业的发展趋势后，有预见性地加以布局并做好技术储备，同时在与业务部门的合作中，做到协同共赢。而有所不为则是要清晰地认识不同行业的互联网生存模式和相关程度的不同，尽管快速试错是创新的金科玉律，但要避免蜂拥而上滥用数字化，最终陷入低水平一错再错的窘境。

在这次访谈中，对药企IT部门未来发展趋势，Wilson分享了自己的看法：他认为蒸汽机、铁路、电报、电话、发电机、内燃机、集成电路、互联网等技术在初现时，让那些具有前瞻性的公司极度获益，最终这些技术被广泛采用导致近两个世纪以来的工业格局被彻底重新划分。但是随着获得技术变得更为容易并且成本持续降低，当它们无处不在之后，就似乎从公司的战略中消失了，其实这并非今天IT境遇的真实情形，当一种资源成为竞争的必备但表面看起来和公司战略沾不上边的时候，它带来的风险对公司的影响就会远大于它创造的利益。这些资源过去是计算机、网络和应用系统，未来就是互联网应用。现在无论人力资源的投入，还是预算的分配，相对而言，IT部门的规模都在缩小。这主要是由于传统的IT业务日渐外包和下沉，云计算的出现，加速了这一趋势。目前看来，IT部门还将继续缩减，很有可能现在10个人将来就变成三五个人了，因此IT部门的角色和工作重心也在发生巨大变化，可以说这个职业正面临着转型。最明显的例子表现在SaaS(软件即服务)出现之后，IT的工作模式必定会涅槃重生。不过这并不意味着药企IT人员的重要性在被弱化，他们会转型为技术管理者的角色，即确保企业能够准确高效地诠释和运用信息技术，最大化地利用投资和减低风险。

3　与业务伙伴协同共赢

由于辉瑞中国的业务技术部定位于支持性的角色，因此在考虑业务创新时，需要关注公司整体的战略方向和业务部门的需求。Wilson告诉丁香园，他首先会密切跟踪技术前沿及行业趋势，从中选择有可能会推动业务更好更快前进的方向，而后与业务部门沟通探讨，了解对方需求，发挥二者间的协同潜力，最终实现双赢。

Wilson强调，从一开始就将"协同共赢"作为自己的目标非常重要。如果只将共赢挂在嘴边，而不落实到具体的行动中，只是拿共赢为幌子来完成自己的工作，这样的后果就是失去业务部门的信任，最终受损的是公司。因此从长远来看，只有将协同共赢作为出发点和落脚点，才能获得业务部门的支持，最终得到更多的创新资源，从而进入良性循环的状态。

其次，想要做好一个协同共赢的项目，要有自己的"关键先生"。作为一个支持性部门，想开展好工作，没有上级和业务部门的支持是不可能的。然而，面面俱到，八面玲珑却也未必，只要能找到其中的关键人物，就可以积极推进事情的进展。Wilson将这样的关键先生称之为种子。成为种子的人一般具有以下特征，即要在总部工作，需要有一定影响力，对中国业务真正感兴趣。如果出现这样的人，他会向总部申请，邀请"种子"来中国共同工作一段时间。通过这段时间的相处，使之了解中国区业务运行的方式以及中国人的日常生活。经过这样的来往沟通，今后如果中国区有新业务要开展，会有很大机会赢得总部的支持。谈到这一点时，Wilson特别举出自己在工作中碰到的一个实例加以佐证。微信在中国拥有海量用户，因此在辉瑞中国区建立微信平台方便信息的传达及内部沟通非常有必要。不过，考虑到社交平台可能存在的风险，起初这一想法并未得到总部的首肯。Wilson并未放弃，他通过与总部细致沟通，消除其顾虑，再加上关键先生的助力，平台最终顺利上线。

再次，要熟稔业务伙伴的需求。Wilson认为，这其中最重要的是找到业务部门与支持部门共赢的方法，要让前者真正意识到，我们在关心他们的利益，这样能让对方积极地配合。在为此沟通时，不能只了解业务部门目前的做法和今后的计划，还应深入探查其背后的目的。在很多时候抓住这一点才能真正找到共赢的关键点。另外，在拟定开发计划和实施方案时，同样要注意与业务部门的沟通，一方面将二者的需求相结合，另一方面找到协同共赢的实现路径，这样才能真正将其落到实处。

最后，要循序渐进，徐而图之。如何在这种合作中凸显业务技术部门的价值，要有精卫填海的精神，即小步快跑。这是因为技术部门对业务部门的新需求有一个理解消化的过程，如果步子太大有可能脱离实际，而且还会浪费资源。除此之外，小步快跑还有助于加深业务部门的信任，方便今后更好的合作。

Wilson坦承："很多时候，技术部门的工作有些润物无声，当业务进展顺利的时候，意味着'基础设施'运转良好。当进展不顺，或遇到新的挑战时，技术部门的作用会更加凸显出来。我们需要及时响应来自业务部门的各种新的需求，这时候的压力其实非常之大。不过，这份工作带来的挑战正是我及团队享受它的重要原因。"

设计：李栋

责任编辑：高燕萍

首发于：2015年10月

武田希望通过数字化创新实践支持医生和患者

打造全新 IT 团队，探索持久数字创新

"结合中国数字化市场和互联网发展趋势及医患获取信息的习惯，差异化创新，探索具有持久性的数字化机制和模式。"

　　过去几年，中国医药市场增长持续下降，旧的规则、模式日渐无法适应新的政策和环境，企业面临较大的发展压力。武田制药CIO卢勇认为，在目前形势下，整个行业已经到了不得不考虑新的医学推广方式和新的增长方式的时候。卢勇在2013年6月加入武田后牵头组建了面向北亚市场的IT团队，随着武田全球化进程的加快，北亚IT团队被整合为一个全球化团队。在他看来，提升到战略层面的信息化、数字化建设，将使企业实现新的增长和可持续发展。在行业深耕13年的卢勇，对企业的发展和转型有着清晰的认识。他正带领着自己的团队，探索一条符合医药企业特性的数字化创新发展之路。

打造全新IT团队，探索持久性数字化创新

1　积极应对挑战，打造全新IT团队

　　集研发、制造和营销为一体的武田，有着230多年的发展历史，是全球制药行业领导者之一，产品主要涉及消化、肿瘤、中枢神经、心血管和代谢、疫苗领域。武田以包括处方药和非处方药在内的高质量创新产品组合，为全球患者的健康保驾护航。然而，作为一家年销售额超过160亿美元的跨国医药企业，武田在很多东南亚国家的业务规模却并不是特别大，在中国起步也比较晚。这样的劣势中，卢勇反而看到了机会。"在现有压力下，像武田这样的企业更有足够空间去进行战略调整。我们希望通过数字化的实践，提高医学推广的广度和深度。"

　　在信息技术的推动下，新的数字化建设有别于传统IT发展。事实上，企业

IT部门正面临着转型和功能的重新定位。早先时候，IT部门在企业叫计算机部门，是手工流程自动化部门，主要围绕业务战略使其实现高效运行。随着软件平台化和基础设施云化，IT部门受到越来越明显的冲击。在卢勇看来，随后出现的数字化浪潮给传统IT部门带来更加直接的冲击。一个鲜明的证据是，很多公司的数字化或创新工作和IT没有直接关系。IT部门更多的是承担技术支持和顾问的角色。

在这个过程中，IT部门发展的一个选择是守住传统领域，但会变得越来越不重要，越来越边缘化。另外一个选择是积极应对挑战，IT部门完全可以利用新兴的数字化渠道和云平台实现职能转变。卢勇认为，对于新技术的把握，IT人具有一些先天优势。通过加强和业务合作伙伴的互动，IT部门可以作为企业创新及数字化的推动者，而不仅仅是被推动者或旁观者。

目前，卢勇带领着一个20人的团队。武田有着日本企业崇尚团队协作的文化，卢勇也非常重视人员之间的配合与协调。卢勇招募的成员多来自跨国药企，他们具备欧美的管理及沟通理念，卢勇了解他们的弊端和优势，他要做的就是尽量发挥他们的优势。对于让国外的同事支持中国的计划和想法，卢勇拒绝说教式的灌输。"跟他们解释中国特色，远不如让他们来中国一次。"卢勇说，全球的同僚很快认识到中国的BAT，了解了中国互联网现状及IT技术的发展。中国已经不是他们脑子里想象的那样，在某些领域特别是在移动互联网方面，中国是有自己的实践而且甚至是领先的。

在数字化推进过程中，武田特别注重跨部门之间的沟通，并通过研讨会等方式充分吸取所有人的意见进行讨论。"我们也引入了一些目前互联网行业的模式进行讨论和投资分析。"卢勇说，"我们通过这种方式，让人人有机会做创客，各部门都能参与决策。今天我们已经看到了正面的反馈，我们有信心让创新和数字化的想法通过内部孵化器落地，并让其变成企业文化的基因。"

2 武田数字加速器，探索持久性数字化模式

卢勇坦承，相对于其他制药企业，原来专注于美国和日本市场的武田在中国甚至全球领域的数字化起步相对较晚。这决定了武田在过去缺乏全球数字化战略的视角。但这样的落后不会一直持续下去。2014年，武田提出了全新的数字化战略，随即2015年武田成立了全球武田数字加速器(Takeda Digital Accelerator，TDA)，从资金、人员和具体行动计划上启动了该战略。

卢勇透露，在近期的规划上，武田选择了两个重点领域。一是对二三线城市及乡镇医生医学水平提高的支持。另一个是对患者的支持。"除了把药品交付到患者手上，我们可以通过数字化为其提供更多的支持，包括用药辅导、健康教育等。这样可以扩大学术推广的覆盖范围。我们也会考虑跟包括丁香园在内的行业领先者进行合作。我们会在每个领域选择多个组合来进行尝试。"

　　"过去半年里，我们在几个领域中选取了这两个领域，又针对这两个领域选取了27个可能会成功的数字化方向，并进一步筛选到6个，最终确定了2~3个作为重点尝试的方向。"卢勇告诉丁香园，"武田不是寻求一些一夜之间可以颠覆行业的方式方法，而是希望摸索出一种具有持久性的创新和数字化的机制和模式。"

3　注重文化培养，建立数字化信心

　　卢勇认为，发展数字化最基本的是要改变公司文化，因为大家对于数字化的第一反应是它到底能给企业带来什么。武田在未来一到两年的第一阶段不追求颠覆式创新，而是追求文化的培养和数字化信心的建立。在这个过程中，武田并不是盲目地运用全球化的经验，而是结合中国数字化市场和互联网发展趋势及患者对信息的接受方式，做差异化的创新。

　　"我们在学习欧美先进管理经验的同时，也坚持强调武田是一家全球化的亚洲公司，也就是说体现武田悠久历史的文化精神或成功要素，并不会在这次全球化中消失，而是会得到加强。"卢勇强调了文化延续的重要性。

　　访谈中，卢勇还多次提到药品合规问题，他认为，这是所有工作的基础。充满特殊性、机会和挑战的医药行业符合卢勇个人的行事风格。从个人角度来讲，以服务患者、服务生命为起点的医药行业，能让卢勇获得比在其他行业更高的成就感。身处中国区和亚太区负责人位置的他，除了致力于推动武田的发展，更希望实现对整个行业及IT领域的推动。"作为跨国医药企业IT领域的一员，我希望能够积极参与并且推动整个行业参与者之间的协作，共同促进行业规则改变、医疗体系变化，更好地服务患者。"

设计：李栋
责任编辑：高燕萍
首发于：2015年11月

辉瑞卓越的企业文化与体系就像一个培养基，让创新的种子生根、发芽。

以创新应对万变

" 创新药物业务部门视创新为生命，我们开展创新药物业务的一切出发点和落脚点都是只做对患者有益的事！"

随着经济全球化的发展，制药行业间的国际竞争日趋白热化。各个跨国公司一方面在药品研发方面继续重金投入，另一方面纷纷采取大规模合资兼并的手段，来建立全球性生产基地、研发网络和销售渠道，以提高市场占有率。其中，以中国为代表的新兴市场成为跨国药企抢滩登陆的首要目标。为了更好地应市场变化，2014财年以来，辉瑞正式按照之前宣布的重组计划将公司业务划分为"全球创新药物业务部门、全球疫苗、肿瘤和健康药物业务部门和全球成熟药物业务部门"三部分。不久前，丁香园与辉瑞全球创新制药中国总经理关中宏博士进行了对话，以期探讨在新形势新常态下的中国，应当依据什么样的原则开展业务创新；如何依托创新药物，在深入理解创新内涵、明确短中长期目标的基础上，开展市场业务；以及如何培养和带领优秀的团队在激烈的竞争与合作中取胜，创造真正的价值。

只做对患者有益的事

1　以创新应对万变

几乎所有药企都承认，中国医药市场将成为21世纪全球的一颗闪亮之星。根据艾美仕的相关报告，中国已成为世界医药行业发展最快的国家，而且在未来20年内还将保持增长。随着中国医疗改革的深入开展，以及大力改善其医疗卫生基础设施，进一步完善全民医疗保险，中国药品市场还具有很大潜力。然而，伴随着高速扩容的市场规模，不确定性也随之提高。比如，随着药物需求而来的政府对医药开支预算的控制日趋严格、医保的话语权日趋增大、药价的

120

压力越来越大，等等。

这一系列环境变化，在关中宏看来，创新是应对这些变化并推动业务可持续发展的动力。据他介绍，辉瑞在2014年实施的一分为三的重组计划正是为了应对这些变化应运而生的。其中，全球创新药物业务涵盖2015年后仍受专利保护的药物，包括炎症、免疫、心血管疾病和代谢、神经科学和疼痛、罕见病等领域的药品都在全球创新药物业务的范围内。

关中宏告诉丁香园，从辉瑞全球的业务来看，创新产品大约占55%，过了专利保护期的成熟产品约为45%。然而，由于中国新药研发和审批的相对滞后，辉瑞有不少创新产品在中国尚未上市，所以，在中国，辉瑞成熟产品业务仍然占主导。但可以确定的是，随着中国政府对创新药物越来越重视，辉瑞将努力把更多创新产品引入中国市场惠及中国更多患者。

2 深刻理解创新内涵

"对于在中国开展业务的跨国药企，创新应当是手段，而不是目的。而要做好创新，需要深刻把握创新的内在意涵。"关中宏说道，"辉瑞全球创新药物业务部门在中国开展创新药物业务时，尤其应把握好这一点。"

关中宏拥有泌尿、分子生物学和药理学领域的博士学位，从事过分子生物学及药理学方面的研究，学术上建树颇丰的他至今仍会被学术会议以科学家身份邀请演讲。在入职辉瑞之后，他曾先后在生物研究、临床开发和医学事务等方面从事业务和管理工作，如今专注于中国创新制药的发展，从学术、研发、医学再到业务领域，这样完整的学术和职业经历，让他对于创新制药的发展有一个很清晰的愿景，那就是研发的产品既要是患者需要的，同时又是有商业价值的。

广阔的视野使得关中宏对"创新"的理解尤为透彻。他表示，所有的创新都应当基于"有益于患者"的指导原则，在这个大的前提下，创新应为业务服务，而业务得以发展壮大，有赖于清晰明确的目标。

对于创新药物业务而言，当前的主要目标是让患者更早更多地了解辉瑞的创新产品，并从中获益。而下一步的主要目标是推动更多辉瑞优秀的创新产品尽快在中国上市。众所周知，出于种种原因，目前中国新药审批时间非常漫长。如何缩短这一时间，推动中国新药研发和审批体制的改革，包括辉瑞在内的许多行业成员都在尽自己的一分力量。关中宏说，目前的研发主要有两条路线，一是把国外的创新药引入中国进行相应的临床试验后申请在华上市；另一条则是针对中国患者需求研发药物，即"In China For China"，这两条路线都做好，才是有意义的创新。

目标明确之后，所谓有意义的创新就非常好理解了。关中宏以新药研发链的起始端——基础研究为例，提到他在从事分子生物学研究时曾经深入探索过的一条细胞内炎症信号传导通路，目前已经成为很多抗炎药物的靶点。这提示了创新思路其实无处不在，每一个基础研究方面的创新虽然不能立竿见影地转化成新药上市，但却在无形中促进着药物研发。因此每一个从事制药行业的人都不应忽视学术界的力量。

关中宏认为，创新还可以体现在推动公共卫生政策进步方面。近年来，中国政府已将血糖和血压的控制列入公共卫生均等化的服务范畴，要求每个社区医生都要对此进行管理。但只控制血糖和血压，而不控制血脂和戒烟是无法有效降低心脑血管疾病的发病率和死亡率的。因此，辉瑞与北京、杭州及深圳等地各卫生部门展开试点合作，将血脂控制和戒烟纳入心脑血管病综合防控的管理之中，取得了令人瞩目的成效。这一例子说明，一个制药企业的创新可以从药物研发领域扩展到公共卫生政策领域，改善广大病患的健康。

此外，在创新药物的营销推广过程中，通过深入挖掘其健康价值，并有效传递至医生与患者，可让后者得到更多治疗益处。这同样也是一种创新。比如，辉瑞的术后镇痛药物特耐，在推向临床时面临很多阿片类竞品。怎样让医生了解特耐的优越性？创新药物业务团队除了让医生深入了解特耐有着高选择性的超强镇痛效果外，还可避免吗啡嗜睡的副作用，从而促进患者恢复、增强其满意度，同时增加病床周转率，起到一举三得的效果。

关中宏最后强调，从药物的早期研发到市场推广、从商业价值的挖掘到公共政策的改进，不管是红海还是蓝海，只要把握好创新的内涵，都有许多可以发挥的空间。

3 优秀源自认同

辉瑞庞大的业务规模使得业界常戏称其为"宇宙大药厂"。关中宏认为，辉瑞之所以能够保持在制药行业的领先地位，凭借的不仅是规模，更多的是前瞻战略、优秀人才、创新管理及独特企业文化综合作用的结果。这其中，招募并培养优秀人才是确保辉瑞持续领先的核心要素。

谈到自己组建仅一年多的团队，关中宏表示对其成长速度和团队文化非常欣慰。他认为，一家企业能够得到人才的青睐，并持续吸引人才流入，对企业有认同感至关重要。

在创新药物业务团队中，关中宏一直在努力营造"家文化"的氛围，即团队内部互相尊重、互相支持和帮助，有问题一起解决、有困难共同面对。关中宏直言："我觉得我们创新药物业务部门最大的两个宝，一个是人，一个是产品。"言谈之中，无不体现出对于自身产品、团队的自信。他不经意地常用"我们"的表达方式让人看到一个和谐、凝聚、对工作热爱和有专业精神的创新药物业务团队。关中宏对创新药物业务团队的长期愿景是希望能将其打造为中国创新药物的黄埔军校。谈到这一点，他认为团队整体的信念与认同感使得他的团队能克服困难、快速成长壮大。同时团队成员在专业知识、学术推广等方面都具有硬实力，加之创新药物业务团队的视野面以及对机会的把握，他期望并深信，他日创新药物在中国蔚然成风之际，处处能有辉瑞中国创新药物业务孵化的种子。

最后关中宏还表示，辉瑞公司对合规非常重视，如果学术推广能做到极致，那么合规就如同开拓业务的宝剑，能帮助团队建立起应对竞争的护城河。

"总而言之，辉瑞卓越的企业文化与体系就像一个培养基，让创新的种子生根、发芽。创新药物业务部门视创新为生命。我们开展创新药物业务的一切出发点和落脚点都是只做对患者有益的事！"关中宏如是说道。

设计：王越
责任编辑：高燕萍
首发于：2016年1月

在医药市场正转向科学驱动的当下
医学事务的舞台将会变得愈加宽广

瞄准新靶点，拥抱新转变

" 拜耳医学通过建立内外部的伙伴关系，促进医学实践的进步，成为被信任和尊重的医学专业团队，而'患者利益为先'是开展一切业务的出发点和落脚点。"

近年来，在合规需求与医疗决策模式转变的催化之下，医学事务部成为各大跨国药企中越来越重磅的角色，其主要职责是与关键医学意见领袖沟通，向一线医生沟通与传递相关的医学和科学信息等。对此，在临床、研发及医学事务领域深耕20余载的拜耳处方药中国区副总裁、医学部总监郎志慧博士有着深刻的理解与感悟。在医药市场正由销售驱动转向科学驱动的当下，医学事务的舞台在他看来将变得愈加宽广，有志于在舞台中央大放异彩的同仁应当重新聚焦新靶点，以拥抱新的变化。

瞄准新靶点，拥抱新转变

1　当前的形势

医学事务专员的角色始现于1967年的美国。这一职位诞生伊始仅是销售团队的辅助，之后，随着市场的变化，医学事务部门的职责增添了沟通、审查、开展4期临床及信息服务等内容，但仍摆脱不了"辅助"二字。转变的契机源自监管力度的不断加大以及循证医学的大行其道，这一系列变化为医学事务部门独立登上前台平添了新的动力。

可以说，郎志慧本人正是这些变化的见证者和亲历者。踏入职场后，他在临床、研发与医学事务等领域都留下有厚重的脚印。最终促使其离开临床，留在业界，从事医学事务的工作的诱因来自第一个靶向药物的上市。他表示，医疗和制药的联系非常紧密，医疗、医药、科研三位一体，科研探索在前，转化医学将科学发现转化为临床应用，从而推动医学的进步。靶向药物的面世使癌症的治疗有了翻天覆地的改变，令他感受到，只有投身于新药研发的产业界才能解决更多患者的痛苦，才能真正满足自己的好奇心。

郎志慧向丁香园介绍说，拜耳1992年重返中国大陆，次年就建立了医学事务团队，当时的医学事务部的主要任务是把国外的成熟药物介绍到中国来。21世纪以来，中国医生的医疗决策基础逐渐由经验医学进化至循证医学。对于药企而言，就需要医学事务部门从这一角度挖掘和完善自家产品的医学价值，并将其准确地传达至医生一端。此外，监管部门施加于行业的合规压力进一步加快了医学事务部的角色转变，制药企业需要更加科学规范地与医生建立互信合作关系。这一需求使得医学事务部门的作用更加凸显和无可替代。

2　我们的任务

谈及拜耳医学事务团队的愿景，郎志慧强调说，"患者利益为先"是开展一切业务的出发点和落脚点，借由这一基础，衍生出"建立内外部的伙伴关系，促进医学实践的进步，成为被信任和尊重的医学专业团队"的长期愿景。具体而言，实现该愿景，团队需要完成的主要任务可归纳为三个词，即重新聚焦、团结合作与自我提升。

所谓重新聚焦，主要针对不断发生的市场变化而言。郎志慧颇有感触地提到，在中国，变化的方向与速度尤其剧烈，因此医学团队应当具有足够的前瞻性和柔软身段，既能够预先感知趋势的变化，准确判断事情的优先级，同时也能足够灵活地进行思维和执行的切换。

团结合作对于所有团队都是一个重要的关键词，对医学事务这类兼有桥梁性质的岗位尤为重要。郎志慧说，医学事务团队在开展业务时，需要时刻留意周遭的变化，感知市场和销售部门、医生、学会的需求，使得所有的利益相关方能够无缝嵌合在整个工作流程中。

自我提升主要针对个人。在郎志慧看来，医学事务专员不但要跨越专业知识的门槛，具备良好的商业意识与洞察力，同时还应有团队合作精神以及足以影响他人的领导力。此外，学习与总结能力亦不可或缺。这样的高标准人才的获得，要么来自外部招聘，要么慢工出细活地从内部培养，他个人更加看重后者。他认为，这一方法也许需要更多时间，但有利于培养团队氛围，留住优秀人才，相较于众所周知的医疗企业的高流动率，团队逐年下降的员工流动率足以证明其领导力的卓越和优秀团队成员的凝聚力。

3　创新沟通方式

随着形势的变迁，医学事务专员与医生之间的沟通将进一步增加。那么，怎样在合规的前提下，能够使这种沟通更顺畅，更有建设性，更易实现双方的目标？郎志慧认为，这需要医学事务部门更加细心地体察医生的需求。

他举例说，顶级专家的知识更新非常快，他们不但学识处于领域的前沿，而且希望自己能够引领医学的潮头。与此同时，企业也期待能借助资深专家对药物的深入认识来推动业务发展。这时，我们通常会邀请这些专家参与新药的研发、策略制定，特别是针对中国患者的独特策略和方式。而对于大多数医生而言，临床一线的工作已经占用其大部分时间，他们更加希望得到系统实用的医学知识，以促进自身的成长。根据这一需求，我们会选取经专家认可的指南为载体，制作成医学教育内容，以此与医生进行产品沟通。

郎志慧还指出，新媒体的汹涌而来也为医学事务部门开展沟通提供了高效的助力工具。他透露，拜耳中国已经建立了面对医生的微信公众号"拜耳医汇"，用以推送与医学有关的研究进展、指南共识以及重磅临床研究的精华，帮助后者有效利用自己的碎片时间进行提高。

另外，郎志慧认为，在医学价值链上，患者是重要一环，如今以患者为中心已经成为各大药企的共识，不能仅仅将其视之为产品的使用者或慈善施助的对象，打捞他们的声音也是医学事务部的应有之义。在与患者进行有关产品的沟通时，通过患者教育的形式令其了解企业在做些什么，鼓励他们参与临床试验往往最终能实现双赢。当然，这样的沟通也不能是单向的，借助一些智能移动设备收集来自患者的真实世界的数据和反馈，对企业的研发具有莫大的促进作用。

市场的变化往往超出人的想象，医学事务团队的舞台远不止于此。如何为团队建立长远的发展机制，如何为成员打造可及的职场通道，如何依靠团队来帮助公司最终实现赢得医生与患者，赢得市场与口碑，赢得当下和未来的目标？郎志慧说，每一位负责人都应当对此有深入的思考。

设计：李栋
责任编辑：高燕萍
首发于：2016年4月

Academic Made Easy

Excellent & Enthusiastic

欲穷千里目
快乐搞学术

www.amegroups.com

| 学术期刊 | 医学图书 | 学术会议 |

AME (Academic Made Easy, Excellent and Enthusiastic) 是一个中英文学术期刊和医学图书的出版平台，同时是一个医学工作者相互协作的交流平台，正努力作为桥梁，串联国内外的医学工作者，力争打造一个国际性的学术平台。目前 AME 已出版24本英文学术期刊、3本中文学术期刊、18本英文医学图书、25本中文医学图书，以及超过 60本电子书；成功举办100余场线下学术会议，并通过"AME 科研时间"微信公共账号播报，同时积极报道国内外大型学术会议以及各类学术活动，分享科研背后的故事。

学术期刊

旗下医学期刊涵盖心胸疾病内外科、不同肿瘤、儿科、姑息、肝胆胰以及眼科等不同领域，24本英文期刊中2本被SCI收录，更有15本被PubMed (PubMed/MEDLINE) 收录。

SCI 收录期刊

· Journal of Thoracic Disease《胸部疾病杂志》简称 JTD 杂志
· Translational Cancer Research《转化肿瘤研究》简称 TCR 杂志

医学图书

除了学术期刊，AME 更邀请国内外专家组建编撰团队，以图书的形式沉淀精选、优秀的内容。目前，在各类售书平台如亚马逊、微店、当当等，有超过20本AME图书销售，除了纯英文图书和中文图书，还有中英文同步发行的医学图书，已发行的如下，更多中英文版本准备出版。

· The Art and Science of Palliative Medicine《姑息医学科学与艺术》中英文
· Gastric Cancer 《胃癌》中英文
· Lung cancer 《肺癌》中英文
· The Uniportal Video-Assisted Thoracic Surgery《单孔胸腔镜手术》中英文

学术会议

2013年起，由 AME 主办的"外科时间"作为国内知名医学会议品牌已走近四载，以新颖的会议内容、极高的会议质量博得了全国广大医疗工作者的认同与喜爱。值得一提的是，"外科时间"更为欧洲胸外科医师协会 ESTS 在2015和2016年的"大师杯"比赛中挑选亚洲队的中国选手，助力为亚洲队连续两年夺得冠军。
AME 学术沙龙、AME 亦塾、SCI 论文发表等专场活动自2013年开始，也陆续开启并持续举行，齐聚中青年优秀医生学者，力求广大医务科技人员能够在一个平等、开放的学术平台上，平等交流，畅所欲言，共同成长，相互协作。

AME
Publishing Company

Updated on June 2, 2016

AME访谈系列图书 001

胸外科专家访谈

主　编：李　媚　成兴华　戴洁

副主编：黎少灵　汪灏　赵晋波　沈建飞　李嘉根

中南大学出版社　AME Publishing Company

主　编：李　媚　成兴华　戴　洁

副主编：黎少灵　汪　灏　赵晋波　沈建飞　李嘉根

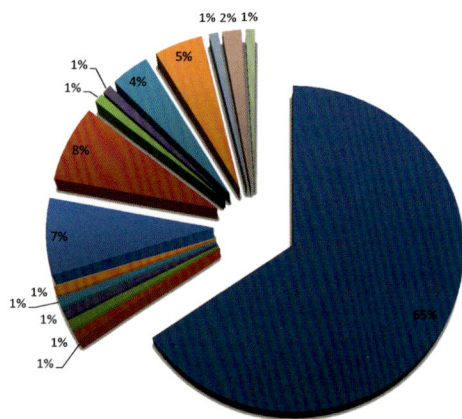

- 中国
- 瑞典
- 葡萄牙
- 瑞士
- 澳大利亚
- 德国
- 新加坡
- 英国
- 意大利
- 比利时
- 西班牙
- 荷兰
- 日本
- 丹麦
- 美国

受访专家国籍分布

AME
Publishing Company

笑脸 春风 暖病榻

本书的缘起
富兰克林生平
富兰克林语录解读

主编：田林玮
　　　王浩

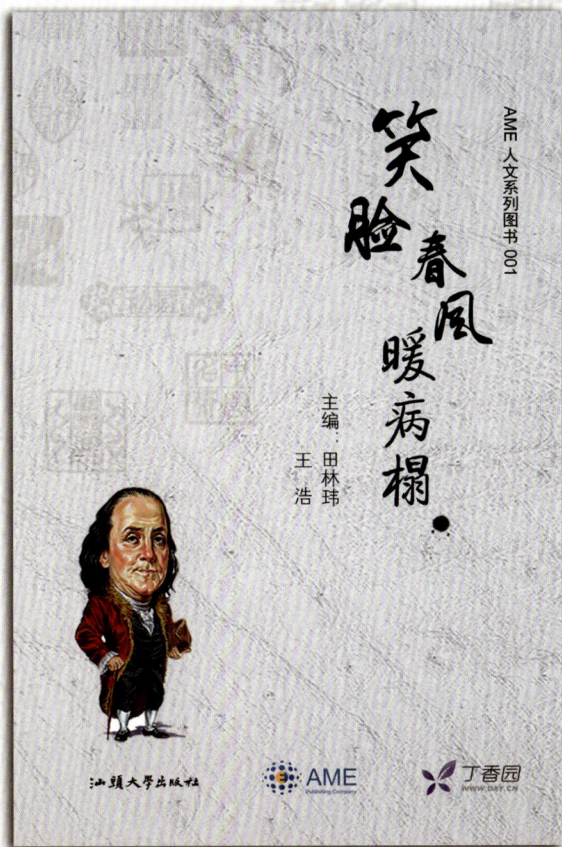

AME Publishing Company

笑脸 春风 暖病榻

AME 人文系列图书 001

主编：田林玮
　　　王浩

汕头大学出版社　　AME Publishing Company　　丁香园 WWW.DXY.CN

AME Journals

AME Publishing Company

update on December 27, 2016

AME Books

KEY LEADERS IN ORTHOPAEDICS

STEREOTACTIC ABLATIVE BODY RADIATION THERAPY FOR EARLY STAGE LUNG CANCER

ACS AND COMPREHENSIVE SURGERY · ART OF OPERATIVE TECHNICS

RESPIRATORY MEDICINE · A COLLECTION OF CLINICAL PAPERS

LUNG CANCER PRECISION MEDICINE

VIDEO-ASSISTED THORACIC SURGERY

PANCREATIC CANCER

TUBELESS VIDEO-ASSISTED THORACIC SURGERY

THYROID SURGERY

ESOPHAGEAL CANCER

THE ART AND SCIENCE OF PALLIATIVE MEDICINE

PARTICLE BEAM THERAPY: CONTEMPORARY TRENDS AND REVIEWS

GASTRIC CANCER

LUNG CANCER

UNIPORTAL VIDEO-ASSISTED THORACIC SURGERY

COMPREHENSIVE REVISION OF RADIOLOGY FOR FRCR 2B

THE ROBOTIC THORACIC SURGERY

甲状腺外科

2015 WHO 肺部肿瘤分类与临床实践

肿瘤的个体化诊疗

补益医学的艺术与科学

ACS 心脏外科

肺癌

肝胆胰脾外科

甲状腺与甲状旁腺外科

结直肠癌微创外科

胃癌

傻瓜统计学

聪明统计学

内分泌与生长发育

心血管健康新进展

基因组测序技术临床应用指引

HEPATOCELLULAR CARCINOMA

结直肠癌

JOHN D. JAFFE THE JOURNEY OF UNIPORTAL VATS

SEGMENTECTOMY FOR THORACIC DISEASES: MAKE IT EASY

COLORECTAL CANCER

VIDEO-ASSISTED THORACIC SURGERY OF THE TRACHEA

AME
Publishing Company

update on August 31, 2016